# PRIMEIRA CARTA DE JOÃO

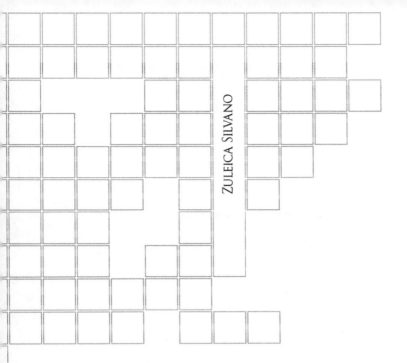

ZULEICA SILVANO

# PRIMEIRA CARTA DE JOÃO

## Crer em Jesus Cristo e amar uns aos outros

Dados Internacionais de Catalogação na Publicação (CIP)
(Câmara Brasileira do Livro, SP, Brasil)

Silvano, Zuleica
 Primeira carta de João : crer em Jesus Cristo e amar uns aos outros / Zuleica Silvano. -- São Paulo : Paulinas, 2019. -- (Coleção pão da palavra)

ISBN 978-85-356-4504-0

1. Bíblia. N.T. João - Comentários I. Título. II. Série.

19-24395                                                                     CDD-227.94

**Índices para catálogo sistemático:**
1. Cartas de João : Comentários    227.94

Cibele Maria Dias - Bibliotecária - CRB-8/9427

1ª edição – 2019

Direção-geral: *Flávia Reginatto*
Editora responsável: *Vera Ivanise Bombonatto*
Copidesque: *Mônica Elaine G. S. da Costa*
Coordenação de revisão: *Marina Mendonça*
Revisão: *Ana Cecilia Mari*
Gerente de produção: *Felício Calegaro Neto*
Capa e diagramação: *Tiago Filu*

Nenhuma parte desta obra poderá ser reproduzida ou transmitida por qualquer forma e/ou quaisquer meios (eletrônico ou mecânico, incluindo fotocópia e gravação) ou arquivada em qualquer sistema ou banco de dados sem permissão escrita da Editora. Direitos reservados.

**Paulinas**
Rua Dona Inácia Uchoa, 62
04110-020 – São Paulo – SP (Brasil)
Tel.: (11) 2125-3500
http://www.paulinas.com.br – editora@paulinas.com.br
Telemarketing e SAC: 0800-7010081
© Pia Sociedade Filhas de São Paulo – São Paulo, 2019

# SUMÁRIO

1. ASPECTOS INTRODUTÓRIOS ..................................................7
   1.1 Estrutura da carta .................................................... 10
   1.2 Autoria ................................................................12
   1.3 Destinatários ou interlocutores ................................. 15
   1.4 Datação e finalidade ............................................... 15
   1.5 Linhas teológicas da Primeira Carta de João ............... 17

2. PRÓLOGO: 1Jo 1,1-4 ..................................................... 23

3. "DEUS É LUZ" E O CAMINHAR NA LUZ: 1Jo 1,5–2,17 ..... 31
   3.1 "Deus é luz e nele não há trevas": 1Jo 1,5-10 .............. 31
   3.2. O amor fraterno e as antíteses: luz e trevas,
        o Pai e o mundo: 1Jo 2,7-17 ..................................... 53

4. "A ÚLTIMA HORA": 1Jo 2,18-28 ..................................... 65
   4.1 A manifestação do Anticristo e a manifestação de Cristo ....... 68

5. A PRÁTICA DA JUSTIÇA E A FILIAÇÃO DIVINA:
   1Jo 2,29–4,6 ................................................................. 79
   5.1 Ruptura com o pecado e a prática da justiça:
       1Jo 2,29–3,10 .......................................................... 79
   5.2 Observância dos mandamentos: o amor fraterno:
       1Jo 3,11-24 ............................................................. 91
   5.3 Ruptura com o mundo e a fé autêntica: 1Jo 4,1-6 ........ 105

6. "DEUS É AMOR" E O AMOR FRATERNO: 1Jo 4,7–5,17 ......115

   6.1 Observância dos mandamentos: o amor fraterno:
1Jo 4,7-21 ...............................................................................115

   6.2 Crer em Jesus Cristo: 1Jo 5,1-17 ............................................135

7. EPÍLOGO: 1Jo 5,18-21 ...................................................................151

8. RECOLHENDO… .......................................................................155

REFERÊNCIAS................................................................................163

CAPÍTULO 1
# ASPECTOS INTRODUTÓRIOS

A Primeira Carta de João, no Novo Testamento (NT), está incluída entre as cartas chamadas "católicas". De origem grega, a palavra "católica" significa "para todos", "universal". Entre os comentadores, destacam-se duas justificativas para tal designação. A primeira afirma que é católica por ser dirigida a todas as comunidades cristãs; assim, tem como base o destinatário ou o interlocutor. A segunda explicação da origem desta denominação tem como critério sua canonicidade, ou seja, ela entrou para a lista dos livros inspirados da Bíblia (cânon) porque sua mensagem foi aceita por todas as comunidades.[1]

A segunda justificativa parece ser a mais provável, se examinarmos todas as cartas católicas, visto que a primeira não é constatável, pois há entre essas cartas as destinadas a grupos específicos, como é o caso da Primeira Carta de Pedro. Nota-se, portanto, a ausência de uma explicação convincente, dado que, ao analisar as demais cartas (1 e 2Pd, 2 e 3Jo, Tg e Jd), há pouca afinidade ou semelhança entre elas. Mas, se avaliarmos somente 1Jo, as duas justificativas são plausíveis, pois o conteúdo é destinado a todos os cristãos, e essa carta

---

[1] BROWN, R. E. *Le Lettere di Giovanni*. Assisi: Cittadella, 1986. p. 24. (Commenti e Studi Biblici).

não teve dificuldade em ser admitida no cânon,[2] sendo já acolhida na metade do século II.

Outra dificuldade é a de determinar qual foi o critério aplicado para unir as três cartas chamadas "joaninas", por encontrar aspectos divergentes e porque, até a metade do século II d.C., essas cartas não tinham um título específico. Porém, se considerarmos 1Jo, não obstante algumas diferenças, por causa do contexto no qual foi escrita, classificá-la como "joanina" parece ser apropriado, pois nesse escrito é notória a semelhança com o Evangelho segundo João.

Outro problema que 1Jo apresenta é com relação ao gênero literário. Apesar de ser designada "carta" desde os primeiros séculos, ela não se enquadra nesse gênero, pela inexistência de suas características fundamentais, como: o cabeçalho, a saudação e as fórmulas conclusivas ou a despedida. Outro argumento contra a classificação epistolar, mencionado por alguns estudiosos, é a ausência de demonstração explícita de uma relação significativa entre o remetente e os destinatários.[3] Esse argumento é defendido por poucos comentadores, pois encontramos uma afinidade entre o autor e seu interlocutor ao chamá-los de "filhinhos" e "amados", e por verificar no conteúdo uma resposta a um grupo preciso e a uma problemática específica (2,19).

Alguns autores afirmam que seria uma exortação com uma finalidade didática ou pastoral, ou uma homilia. Berger[4] a classifica como exortação pós-conversão (após

---

[2] ZUMSTEIN, J. As epístolas joaninas. In: MARGUERAT, D. (Org.). *Novo Testamento*: história, escritura e teologia. São Paulo: Loyola, 2009. p. 471.

[3] ZUMSTEIN, As epístolas joaninas, p. 473.

[4] BERGER, K. *As formas literárias do Novo Testamento*. São Paulo: Loyola, 1998. §40, p. 122-126. (Bíblica Loyola, 23).

a adesão a Jesus Cristo e o Batismo), por ter como tema central o mandamento do amor e por abordar temas relacionados com o Batismo, como: a oposição entre luz e trevas, catálogos de vícios, a santificação, a questão da concupiscência e as várias antíteses apresentadas no texto (cf. Cl 1,13-14; At 26,18; Ef 5,6-11). Desse modo, poderia ser considerado um tratado religioso, sapiencial ocasional ou escrito didático pastoral. Diante das várias propostas, podemos classificá-la como uma carta exortativa (parenética),[5] endereçada a um grupo na comunidade, com a finalidade de anunciar o amor de Deus manifestado em Jesus Cristo, de indicar um itinerário cristão para aqueles que aderem a Jesus, o Filho de Deus, após o Batismo, e de manter a fé da comunidade diante das falsas doutrinas propagadas pelos chamados falsos profetas. Por isso, é o escrito que mais estabelece uma relação entre fé e amor, entre professar que Jesus é o Cristo e o agir cristão.

Vários exegetas defendem a unidade dessa carta. A única passagem provavelmente acrescentada é 1Jo 5,14-21, pelos seguintes motivos:

a) o v. 13 traz todas as características de uma fórmula de conclusão;
b) a concepção de pecado em 5,16-17 é diferente daquela apresentada em 1Jo, sobretudo em 1,5-10;
c) os termos utilizados não ocorrem no decorrer da carta, somente nesses versículos; e
d) a idolatria (v. 21) não é uma problemática referida nos capítulos anteriores.

---

[5] ZUMSTEIN, As epístolas joaninas, p. 475.

## 1.1 ESTRUTURA DA CARTA

Há um longo debate sobre a estrutura de 1Jo e, por enquanto, nenhum consenso entre os comentadores.[6] Isso se dá porque a Primeira Carta de João não é escrita de forma linear e o conteúdo não é concatenado. São agregados temas diferentes num mesmo capítulo e realizadas constantes retomadas de temáticas aprofundadas em capítulos anteriores.

Há várias propostas de subdivisão do conteúdo da carta, que partem de diversos princípios estruturantes, como os aspectos formais (baseados na gramática, no estudo do vocabulário etc.); há aqueles que privilegiam a análise temática,[7] outros que priorizam os elementos literários, um determinado método (como a aplicação da análise retórica[8]), ou preferem estruturá-la por meio de critérios hermenêuticos.[9] Alguns comentadores tentam ajustar a carta à estrutura do Evangelho segundo João, por enfatizar o paralelo entre esses escritos. Esses autores dividem o conteúdo em duas partes, sendo emolduradas por um prólogo (1,1-4) e uma conclusão (5,13-21). A

---

[6] Giurisato apresenta as várias propostas de estruturação desta carta, desde os padres do século I d.C. até 1997, e oferece uma delimitação dela, baseando-se na análise literária e retórica (cf. GIURISATO, G. *Struttura e teologia della prima Lettera di Giovanni*: analisi letteraria e retórica, contenuto teologico. Roma: Pontificio Istituto Biblico, 1998. [Analecta Biblica, 138]).

[7] ZUMSTEIN, As epístolas joaninas, p. 472.

[8] Giurisato divide a carta em sete perícopes, além do prólogo e do epílogo, da seguinte forma: Prólogo: 1Jo 1,1-4; Primeira Perícope: 1,5–2,6; Segunda Perícope: 2,7-17; Terceira Perícope: 2,18-28; Quarta Perícope: 2,29–3,10; Quinta Perícope: 3,11-22; Sexta Perícope: 3,23–5,4; Sétima Perícope: 5,5-17 e o Epílogo: 5,18-21 (cf. GIURISATO, *Struttura e teologia della prima Lettera di Giovanni*, p. 298).

[9] Para uma síntese das diferentes propostas de estruturação de 1Jo, confira o comentário de BEUTLER, Johannes. *Le Lettere di Giovanni*: introduzione, versione e commento. Bologna: EDB, 2009. p. 14-17.

primeira parte tem como tema a fé (1,5–3,10) e a segunda, o amor (3,11–5,12).[10] Apesar de ser uma estrutura aceita por vários comentadores, assumiremos a proposta de Beutler,[11] com algumas alterações de Giurisato,[12] por ser mais viável para nosso aprofundamento. Subdividimos 1Jo da seguinte forma:

Introdução com a finalidade do escrito: 1Jo 1,1-4

I Parte (1,5–2,17): "Deus é luz" e a exortação para caminhar na luz e não nas trevas

  a) Deus é luz, o caminhar na luz e a confissão dos pecados: 1,5–2,6
  b) O amor fraterno e as antíteses: luz e trevas, o Pai e o mundo: 2,7-17

II Parte (2,18-28): "A última hora"

  a) Manifestação do anticristo e a manifestação de Cristo
  b) Profissão de fé em Cristo

III Parte (2,29–4,6): "Deus é justo", prática da justiça e a filiação divina

  a) Ruptura com o pecado e a prática da justiça: 2,29–3,10
  b) Observância dos mandamentos: o amor fraterno: 3,11-24
  c) Ruptura com o mundo, discernimento dos espíritos e a fé autêntica: 4,1-6

---

[10] BROWN, *Le Lettere di Giovanni*, p. 190.
[11] BEUTLER, *Le Lettere di Giovanni*, p. 17.
[12] GIURISATO, *Struttura e teologia della prima Lettera di Giovanni*, p. 21-298.

IV Parte (4,7–5,17): "Deus é amor", o amor fraterno e o crer em Jesus Cristo
a) Observância dos mandamentos: o amor fraterno: 4,7-21
b) Crer em Jesus Cristo: 5,1-17
Conclusão: 1Jo 5,18-21

Em cada seção é abordado um argumento sobre Deus, Jesus Cristo e o agir cristão.[13] Na primeira seção, o cristão é convidado a caminhar na luz, pois "Deus é luz". Na segunda, há uma contraposição entre a manifestação do anticristo e a revelação de Cristo. Na terceira seção, o seguidor e a seguidora de Jesus Cristo são exortados a praticar a justiça, dado que "Deus é justo" (2,29), e o fiel é considerado filho de Deus. Na última parte, apresenta a necessidade de viver a comunhão com Deus e com o outro, pois "Deus é amor" (4,8.16).

## 1.2 AUTORIA

Desde o século II d.C., a Primeira Carta de João foi atribuída ao apóstolo e discípulo João, filho de Zebedeu, identificado com o evangelista, autor do quarto Evangelho (Jo).[14] Essa relação surge por causa das semelhanças literárias e teológicas existentes entre estes dois escritos e pelo testemunho que o autor dá em 1Jo 1,1-4, ao afirmar ter ouvido, visto, contemplado e apalpado a Palavra da Vida. Porém, essa hipótese é

---

[13] BEUTLER, *Le Lettere di Giovanni*, p. 17-18.
[14] Ireneu atribui a João, discípulo e apóstolo, o Evangelho e 1Jo (cf. IRENEU DE LIÃO, *Contra as heresias*. 2. ed. São Paulo: Paulus, 1995. III 16,5, p. 320. (Patrística, 4).

questionada, na medida em que novas pesquisas põem em dúvida a autoria do quarto Evangelho, descartando a hipótese de que foi escrito pelo discípulo e apóstolo João.[15] São detectadas também diferenças significativas entre Jo e 1Jo, pois a problemática abordada na carta retrata um contexto histórico distinto daquele do Evangelho segundo João.

Nos estudos atuais destacam-se três propostas de identificação da autoria de 1Jo:

- A primeira defende que o autor seria um membro da comunidade joanina, talvez um discípulo de João.
- A segunda prefere atribuir esse escrito anônimo à escola joanina.
- A terceira proposta argumenta que o autor é João, o presbítero (ou ancião), mencionado na Segunda e Terceira Carta de João.[16]

É ainda um debate em aberto, não sendo possível determinar com precisão sua autoria, porém a primeira ou a segunda hipótese são as mais plausíveis.

Apesar da autoria atribuída a João apóstolo não ser aceita, é necessário considerar que, na Antiguidade, era comum usar o nome de uma personagem importante para embasar a autoria de determinado livro ou texto, dado que a concepção de autor era diferente da visão

---

[15] BEUTLER, J. *Evangelho segundo João*: comentário. São Paulo: Loyola, 2016. p. 31-33. (Bíblica Loyola, 70).

[16] Essa possibilidade é também mencionada por Eusébio de Cesareia, ao citar Papias em *História Eclesiástica* III, 39,4. Esse dado pode ser verificado em EUSÉBIO DE CESAREIA. *História eclesiástica*. São Paulo: Paulus, 2000. p. 166. (Patrística, 15).

que temos hoje. Embora seja difícil elencar as justificativas para tal prática, podemos dizer que havia uma relação entre autoria e autoridade. Assim, dedicar uma obra a certa figura importante para a comunidade era uma forma de honrá-la e, ao mesmo tempo, atribuía um valor ao escrito, tornando-o exclusivo, pois expressava que a teologia, o pensamento, as concepções, as ideias de determinado mestre, apóstolo, ou líder continuavam por meio de seus discípulos.[17]

Nas entrelinhas da carta percebemos a influência da tradição profética, sobretudo dos textos referentes à Nova Aliança descrita em Jr 31,31-34 e Ez 36–37, porém não há nenhuma alusão à cultura, às autoridades judaicas, nem citação do Antigo Testamento; somente nomeia Caim em 1Jo 3,12.

A preocupação do autor parece ser transmitir aos seus "amados" filhos aquilo que ele recebeu desde o princípio (1Jo 1,1; 2,7.24; 3,11). Essa dinâmica testemunhal é determinante para compreender esta carta, pois provavelmente o autor deseja apresentar um testemunho confiável da verdadeira vivência e dos fundamentos cristãos em contraposição às falsas doutrinas propagadas na comunidade.[18] Por isso, não é somente uma carta polêmica, mas contém um sólido conteúdo sobre o que significa ser cristão, ser cristã e as consequências práticas da fé em Jesus Cristo, o Filho de Deus.

---

[17] MANZONI, C. V. *Evangelho segundo João*. São Paulo: Paulinas, 2018. p. 19-22. (Comentário Bíblico).

[18] FOSSATI, M. *Lettere di Giovanni, Lettera di Giuda*: introduzione, traduzione e commento. Cinisello Balsamo (Milano): San Paolo, 2012. p. 19. (Nuova versione della Bibbia daí testi antichi, 55).

## 1.3 DESTINATÁRIOS OU INTERLOCUTORES

Quantos aos destinatários, vários comentadores defendem que essa carta foi dirigida aos cristãos diante da divisão no interior das comunidades joaninas. De fato, percebe-se que, provavelmente, há dois grupos em conflito que seguiam a tradição joanina, mas a interpretavam de forma diferente. O primeiro permanece fiel aos ensinamentos dados pelo evangelista João, e o segundo grupo é acusado de ter abandonado a fé autêntica e criado uma ruptura na unidade da comunidade. Os membros desse segundo grupo são denominados de "sedutores", "anticristo", "enganadores" (2,26), "falsos profetas", "não têm a unção" autêntica (2,20.27), nem o verdadeiro ensinamento (2,27). Apesar de haver várias propostas, não há consenso quanto à definição desse grupo.[19] Ao analisar o conteúdo da carta, parece que os interlocutores são os membros da comunidade e o alvo é este grupo de dissidentes que negavam o significado salvífico da vida e morte de Jesus, resultando em concepções errôneas quanto à visão de Cristo,[20] à salvação, mas, sobretudo, à ética cristã.

## 1.4 DATAÇÃO E FINALIDADE

Não há consenso quanto à datação desta carta. As opiniões oscilam entre o final do I e início do século II d.C. Atualmente, a hipótese mais aceita é que 1Jo tenha sido escrita no primeiro decênio do século II d.C.,

---

[19] TILBORG, Sjef van. As Cartas de João. In: THEVISSEN, G.; KAHMANN, J. J. A.; DEHANDSHUTTER, B. *As cartas de Pedro, João e Judas*. São Paulo: Loyola, 1999. p. 187. (Bíblica Loyola, 7B).

[20] ZUMSTEIN, As epístolas joaninas, p. 480.

entre os anos 100 e 130[21] (mas não posterior a 130), e, possivelmente, por alguém que vivia na Ásia Menor, talvez em Éfeso.

A finalidade do autor não é a de apresentar elementos novos, mas a de refutar a visão dos adversários, visando reavivar a fé da comunidade e exortar a agir cristãmente.

O problema central com os dissidentes provavelmente seria a relativização do valor salvífico da morte de Jesus (2,22; 4,2-6) e da encarnação do Filho de Deus. Outros argumentam que o problema estaria na separação entre crer em Jesus Cristo e viver de acordo com essa fé, por meio de uma vivência ética condizente com os valores cristãos. Por último, há aqueles que defendem que os adversários, após o Batismo, se consideravam espirituais, já salvos, ungidos, em plena comunhão com Deus (1,6), sem pecado e sem a possibilidade de pecar (1,8.10). Já conheciam plenamente Deus e Cristo (2,4), já tinham a posse do Espírito Santo (3,24–4,6), permaneciam em Cristo (2,6), estavam na luz (2,9) e, portanto, não necessitavam da mediação salvífica de Jesus Cristo (cf. 1Jo 2,18-27),[22] nem de amar o próximo (4,20). Diante dessas hipóteses, provavelmente, a finalidade do autor nessa carta não é a de defender o messianismo ou a divindade de Jesus, mas a de mostrar que aderir a Jesus Cristo e ser batizado não isenta o cristão do seu compromisso

---

[21] Em meados do século II d.C., a Primeira Carta de João começa a ser citada pelos Padres da Igreja (Papias de Hierápolis, Policarpo de Esmirna, Ireneu, Clemente de Alexandria, Tertuliano) e aparece no Cânon de Muratori (cf. STOTT, J. R. W. *I, II e III João*: introdução e comentário. São Paulo: Vida Nova, 1982. p. 14-15. [Cultura Bíblica, 18]).

[22] BEUTLER, *Le Lettere di Giovanni*, p. 23.

com o amor fraterno e a importância da dimensão social desta salvação. Desse modo exorta a comunidade à vivência cristã e a crer que Jesus crucificado, enquanto Filho de Deus, é o mediador da salvação. Por isso, há referências significativas com relação à cristologia (1Jo 3,24–4,6.14; 5,20).

A partir desse objetivo, os aspectos teológicos evidenciados em 1Jo são: a fé em Jesus como Messias e Filho de Deus; a importância salvífica da morte de Jesus; a responsabilidade ética do batizado, ou seja, a fé conectada ao amor ao próximo. Outros elementos teológicos são: o papel fundamental do Espírito Santo ao conduzir o batizado nos ensinamentos de Jesus Cristo; a visão antropológica do batizado e sua relação com a filiação divina. A escatologia cristã também é uma temática importante, como a vivência messiânica na história e a vinda futura de Cristo (2,28; 3,2; 4,17). No sentido teológico, nota-se a dificuldade em definir em alguns textos se a ação é de Deus Pai ou do Filho, sendo determinante o contexto. O autor também menciona o Espírito Santo, porém com cautela, provavelmente por causa dos adversários.

## 1.5 LINHAS TEOLÓGICAS DA PRIMEIRA CARTA DE JOÃO

Os pontos fundamentais da Teologia da Primeira Carta de João estão em consonância com a problemática na comunidade com relação aos três aspectos teológicos, a saber: a cristologia, a ética e a antropologia. Dessa forma, o autor tenta manter-se fiel ao significado salvífico da vida de Jesus Cristo. Entre as linhas teológicas fundamentais dessa carta, destacamos: a fé em Jesus

Cristo e em Deus Pai, o Espírito Santo, a vida eterna e a ética cristã.

## 1.5.1 A fé em Jesus Cristo e em Deus Pai

O tema e o personagem central de 1Jo é Jesus Cristo, mas a carta é também perpassada por referências a Deus Pai e ao Espírito Santo. Essa centralidade em Jesus tem como motivo a interpretação errônea do Evangelho segundo João por pessoas que eram membros da comunidade. Elas não atribuíam significado salvífico à existência humana de Jesus de Nazaré, negando, desse modo, a redenção. Essa postura dos opositores gerou um problema antropológico, pois afirmavam que viviam em comunhão com Deus e, portanto, não tinham pecado (1Jo 1,8-10) e não necessitavam amar o irmão (2,9-11; 3,11-18; 4,20). Por isso, o valor redentor da morte de Jesus como expressão da salvação de Deus (1Jo 1,7; 2,2; 4,10; 5,6.8) é enfatizado na carta.

A comunidade cristã, portanto, é chamada a crer em Jesus e a segui-lo na prática do mandamento do amor e da justiça. Aquele que diz que ama e conhece a Deus, mas não ama seu irmão, como sublinha 1Jo, é um mentiroso (2,4). De fato, a fé tem como conteúdo fundamental acreditar no amor de Deus revelado em Jesus Cristo, e não há compatibilidade entre professar a fé nesse amor e não agir de acordo com essa fé. Assim, o amor para com outro, como "expressão da fé", se reveste de um significado salvífico[23] e cristológico.

---

[23] BEUTLER, *Le Lettere di Giovanni*, p. 27.

No decorrer da carta, Jesus é apresentado como Filho Unigênito do Pai (4,9), Messias (2,18-27; 5,1), Filho de Deus (4,15; 5,5.10), Justo (2,1), oferenda de expiação dos pecados (1,7; 2,2; 4,10), Paráclito (2,1), defensor dos cristãos, "vindo na carne" (4,2), "Salvador do mundo" (4,14), vindo "na água e no sangue" (5,6). Ele é o enviado do Pai com a finalidade de manifestar o amor de Deus (3,16; 4,8-16). Nessa carta também é mencionado o evento histórico da encarnação do Filho (4,2), sua vinda (4,9.10.14), seu Batismo (5,6), sua manifestação (1,2; 3,5.8; 4,9), a importância de sua morte e ressurreição, e é anunciada sua vinda futura (Parúsia). Os frutos da fé em Jesus Cristo são: a comunhão com Deus (2,24; 4,15); a posse da vida eterna (2,25; 5,13); a vitória sobre o mundo (5,4.5) e a confiança (2,28).

Deus é definido como "luz" (1,5) e "amor" (1Jo 4,8.16). Ele ama a humanidade, convida cada batizado a amar o próximo (1Jo 4,11-12) e permanece em estreita comunhão com aqueles que creem em seu Filho (1Jo 4,12.15-16). Outra referência a Deus está em 1Jo 3,20, quando afirma que ele conhece todas as coisas e é misericordioso, benevolente. Em 4,9, o autor ressalta que o plano salvífico é de Deus Pai, por isso envia seu Filho para conceder a vida eterna para todos (1Jo 5,11.20).

## 1.5.2 Espírito Santo

Os líderes que se separaram da comunidade, denominados "anticristos", se consideravam profetas conduzidos, inabitados pelo Espírito e autorizados a ensinar os demais membros da comunidade. O autor exorta a comunidade a discernir quais são aqueles que pertencem ao espírito do engano e a distingui-los daqueles que são gerados por Deus, tendo como único critério acreditar em Jesus "vindo na carne". Esse critério, portanto, desautoriza os falsos mestres, por pregarem falsas profecias (4,1-3).

A vinda do Espírito Santo era prometida para o fim dos tempos (Jl 3,1-2; Is 11,4; 32,15 e 59,21), mas é antecipada com a vinda do Filho de Deus. Assim, ele está intimamente relacionado com o Messias Jesus (4,2), sendo, portanto, o sinal de sua filiação divina (5,6) e do início da era messiânica. O Espírito também é aquele que estabelece a comunhão entre o Pai, o Filho (3,24; 4,13) e os membros da comunidade. Ele assume uma dimensão ética, sendo associado também à verdade e ao amor. Tais aspectos são completamente negligenciados pelos opositores.

### 1.5.3 Vida eterna

Apesar da permanência de Jesus Cristo e de Deus em todos os cristãos que praticam a justiça e amam seu próximo, a plena união com Deus e a manifestação definitiva da salvação só serão possíveis em sua vinda definitiva, no fim dos tempos (Parúsia). Nesse tempo de espera, o cristão é chamado a agir conforme a fé num Deus-Amor revelado em Jesus Cristo. Isso contradiz a visão dos adversários, que pensavam que já estavam salvos e não necessitavam da mediação de Jesus Cristo.

Um aspecto característico dessa carta, também presente na literatura joanina, é considerar Jesus como a vida eterna (1,1; 5,20). Vida que estava com o Pai desde o princípio (1,1), que é revelada (1,1), nos é dada em Jesus (5,11-13), e somos conduzidos a permanecer nela no fim dos tempos (2,25).

## 1.5.4 Ética cristã

Os membros opositores afirmavam que estavam em comunhão com Deus (1,6), o conheciam e o amavam (2,4; 4,20), estavam na luz (2,9), não eram pecadores ou não cometiam pecados (1,8.10), mas não se importavam com o irmão (1,6.10; 2,4.11; 4,20-21). Desse modo, estabeleciam uma separação entre a fé cristã e as exigências éticas, supervalorizando uma experiência intimista e individualista de Deus. Por isso, 1Jo insiste em afirmar que a fé não é desconectada do amor ao próximo e a fé em Jesus, como Filho de Deus, está na base do amor mútuo. A fé é um estilo de vida marcado pelo amor. De fato, o verdadeiro cristão, a exemplo de Jesus Cristo, evita o pecado por meio de um comportamento justo, sendo conduzido pelo Espírito Santo, e é convidado a uma constante revisão de seu modo de agir.

Nesse sentido, o amor é um dos temas centrais de 1Jo: é o conteúdo do anúncio a ser transmitido (3,11); é um mandamento (3,23); é revelado na entrega de Jesus, ao doar-se pela humanidade, e tem sua origem em Deus, porque "Deus é amor" (4,7). Por conseguinte, o cristão é desafiado a dar sua vida pelos irmãos (3,16) e servir os mais necessitados (3,16-18).

Um elemento a ser sublinhado, ao relacionar Jo e 1Jo, é que a palavra "mandamento" não é uma norma ou lei que foi dada, mas é o doar a própria vida (Jo 10,18). Isso é testemunhado na vida de Jesus, ao estar a serviço das pessoas, no entregar-se e na fidelidade ao mandamento que recebeu do Pai,[24] isto é, na vivência radical e profunda do amor.

Para alguns biblistas, 1Jo nos faz descobrir progressivamente as dimensões eclesiológicas, cristológicas e teológicas do amor. Desse modo, inicia-se apresentando o mandamento do amor e sua dimensão comunitária (1,5–2,2), que seria uma abordagem eclesiológica. Num segundo momento nos convida a olhar a Cristo, o qual nos revela o amor (3,11-24), que seria a dimensão cristológica, e, por fim, nos revela que Deus é amor (4,7–5,12), o aspecto teológico.[25] Assim, essa carta aprofunda duas modalidades fundamentais do amor cristão pregado por Jesus: o amor para com o irmão em contraposição ao ódio (2,9-11) e o amor para com Deus, em oposição ao amor pelo mundo (2,15-17).[26]

Após a introdução dos elementos fundamentais dessa carta, analisaremos, nos outros capítulos, o conteúdo da 1Jo, seguindo a estrutura proposta.

---

[24] TUÑÍ, J.-O.; ALEGRE, X. *Escritos joaninos e cartas católicas*. São Paulo: Ave-Maria, 1999. p. 170. (Introdução ao estudo da Bíblia, 8).

[25] DE LA POTTERIE, I. L'amore per Dio-Padre fonte dell'amore per i figli di Dio (1Gv 5,1-2). *Parola, Spirito e Vita*, Bologna, n. 11, p. 202, gennaio 1985, e KONINGS, J.; KRULL, W. *Cartas de Tiago, Pedro, João e Judas*. São Paulo: Loyola, 1995. p. 58. (A Bíblia passo a passo).

[26] FOSSATI, *Lettere di Giovanni, Lettera di Giuda*, p. 21.

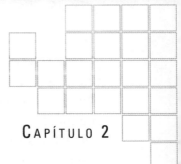

CAPÍTULO 2

# PRÓLOGO: 1Jo 1,1-4

O prólogo da Primeira Carta de João (1Jo 1,1-4) é solene e, provavelmente, objetiva chamar a atenção do leitor para o conteúdo e a finalidade do discurso. Inicia-se com o testemunho do orador (1,1); o conteúdo é explicitado no v. 3 e a finalidade está presente no v. 4. A motivação para escrever é a de anunciar a "vida eterna" (v. 2). Segue a tradução:

> ¹O que era desde o princípio, o que temos ouvido,[1] o que temos visto com nossos olhos, o que contemplamos e nossas mãos apalparam[2] da Palavra da Vida,[2]– de fato, a Vida manifestou-se e vimos e damos testemunho, e vos anunciamos a vida eterna, que estava voltada para o Pai e manifestou-se a nós –, ³o que temos visto e temos ouvido anunciamos também a vós, para que estejais em comunhão conosco. E nossa comunhão é com o Pai e com seu Filho, Jesus Cristo. ⁴E essas coisas vos escrevemos para que nossa alegria seja completa.[3]

---

[1] Nos dois primeiros verbos, o autor utiliza o perfeito ativo; por isso, traduzimos de forma diferente dos demais.

[2] Poderia também ser traduzido por "tocar", mas decidimos pelo verbo "apalpar", pois, em grego, significa "tatear", "procurar sentir", no sentido de "examinar de perto".

[3] O termo grego pode ser traduzido por "plena" ou "atingir o seu propósito".

23

Inicia-se com uma introdução argumentativa (1,1-4), enfatizando o tema que será desenvolvido a partir do v. 5. Essa introdução nos remete ao prólogo do Evangelho segundo João (Jo 1,1-18).

O "nós" indica um grupo com determinada autoridade na comunidade, do qual o autor (ou autores) faz parte. Talvez seja um pregador, ou simplesmente alguém que se coloca diante da comunidade para dar o seu testemunho. O "vós" seria o interlocutor que recebe a pregação, provavelmente membros da comunidade. É importante evitar a identificação do remetente com alguém pertencente ao grupo dos apóstolos.[4]

"Anunciar" constitui o verbo principal na longa estrutura proposicional, que se inicia no v. 1 e termina no v. 3. O longo parêntese no v. 2 tem a finalidade de esclarecer o que significa a palavra "vida".

As frases iniciais, no v. 1, criam suspense a fim de ressaltar a expressão "Palavra da Vida". Por não ser clara esta expressão, fica difícil definir se é uma referência ao Filho de Deus, conforme o prólogo do Evangelho segundo João, ou se é uma "mensagem da vida" a ser proclamada. A expressão "desde o princípio" nos indica que a comunicação entre o autor e o interlocutor tem origem em Deus, que se revelou na Palavra da Vida.[5] O genitivo "da vida" pode sugerir que o autor está falando sobre o conteúdo da Palavra, ou seja, da mensagem a ser transmitida. Essa mensagem, além de ser de vida, "doa a vida" a quem a recebe.

---

[4] BEUTLER, *Le Lettere di Giovanni*, p. 42.
[5] BEUTLER, *Le Lettere di Giovanni*, p. 37.

Há uma grande discussão sobre a interpretação da expressão "o que era desde o princípio". Várias propostas são oferecidas pelos comentadores. Alguns declaram que é uma referência à criação (Gn 1,1 e Jo 1,1); para outros seria uma menção à história da salvação, à encarnação de Jesus,[6] ao início do ministério de Jesus, após o seu Batismo, ou ao início do anúncio cristão, após a adesão a Jesus Cristo por meio da profissão de fé e do Batismo (At 11,15; Lc 24,47; 1Jo 2,7.24; 3,11).[7]

Esses diferentes significados enriquecem a interpretação desta introdução, mas, dentre as propostas, as mais viáveis são aquelas que defendem que seja uma menção à encarnação e ao ministério de Jesus, ou ao início do anúncio cristão. Não obstante a escolha, no decorrer do prólogo percebe-se que a frase "o que era desde o princípio" refere-se ao Filho de Deus, Jesus Cristo (v. 3), que também é denominado "Palavra da Vida", "Vida", "Vida Eterna". E é esse Jesus do qual o autor dá testemunho, sendo, portanto, o conteúdo do anúncio a ser proclamado em sua missão. Isso só é possível porque o Filho preexistente se encarnou e se revelou por meio de suas palavras e ação.

O que era "desde o princípio" se torna um evento a ser comunicado, dado que o Filho se revela historicamente como "Palavra de Vida". Esse anúncio nasce de uma experiência, por isso a abundância de verbos que exprimem o encontro com a Palavra da Vida (ouvir, ver, contemplar, apalpar), sublinhando a realidade e o

---

[6]  Cf. Mt 1,18; Hb 10,7; Jo 1,14; Ap 3,14; 22,13.

[7]  Para um aprofundamento sobre essas várias possibilidades, confira a obra de BROWN, *Le Lettere di Giovanni*, p. 226-230.

significado desse encontro.[8] Nessa carta, o termo *lógos*, que traduzimos por "Palavra", no sentido cristológico, ocorre somente no prólogo; provavelmente seja evitado por causa dos dissidentes da comunidade, que tinham uma mentalidade marcada por elementos protognósticos.[9]

Ouvir, contemplar e apalpar acentuam o testemunho inerente à realidade do ministério antes da ressurreição, mas podemos dizer também da experiência que cada cristão faz do mistério da vida, morte e ressurreição de Jesus Cristo. Expressa a experiência concreta e sensível, uma experiência plena, como indica a quantidade de verbos concatenados associados ao campo sensorial. Os verbos no passado, "contemplar" (ocorre em 1Jo 1,1 e também em Jo 1,14) e "apalpar", exprimem uma experiência já vivida, que deve ser comunicada no presente, pois seus efeitos e seu conteúdo são válidos; por isso, devem ser perpetuados por meio da transmissão. É como se visse o invisível, conforme afirma Hb 11,27; é tocar e ser tocado pelo imenso amor de Deus.

A experiência é comunicada como testemunho (1,2b), anúncio (1,2b e 3b) e escritura (v. 4). O conteúdo da experiência a ser comunicada é indicado pelo pronome relativo "que" (vv. 1a.c e 3a), pelo pronome demonstrativo "essas" (v. 4) e pelo substantivo "vida" (v. 2c).

---

[8] BEUTLER, *Le Lettere di Giovanni*, p. 37.

[9] Esses elementos aparecem nessa carta em algumas afirmações contra os opositores. Porém, não podemos identificá-los com os movimentos gnósticos ligados às doutrinas cristãs, pois serão desenvolvidos posteriormente, sendo alvo das críticas dos padres do final do século II d.C. e início do III em diante. Portanto, neste contexto falar de "gnósticos" como um movimento consolidado ou com uma concepção definida seria um anacronismo, mas ao mesmo tempo não podemos negar que existem concepções gnósticas ou tendências gnósticas referentes às doutrinas cristãs incipientes, as que chamamos de protognósticas, provavelmente influenciadas pelas religiões mistéricas e pela filosofia pitagórica.

Provavelmente, não se trata de uma testemunha ocular do Jesus da história; por exemplo, de um apóstolo no tempo de Jesus, mas de alguém que fez a experiência de ser tocado por Deus por meio da vivência profunda das palavras e dos gestos de Jesus Cristo, o Filho de Deus. Assim, não é uma doutrina, uma teoria, mas a experiência de Jesus Cristo, transmitida pelos seus seguidores, apóstolos, discípulos. É a experiência de ser afetado pela revelação de Deus, e torna-se manifesta em sua vida.

O verbo "manifestar-se" (φανερόω – *phaneróō*), nesta carta, é atribuído ao Filho, a sua encarnação, a sua vinda histórica (Jo 1,14; 1Jo 3,5.8), a sua manifestação na Parúsia (1Jo 2,28; 3,2), e também à manifestação dos batizados diante de Deus no juízo final (1Jo 2,19; 3,2).[10] Neste v. 2, assume um sentido teológico, sendo que a manifestação é a de Deus no seu Filho Jesus: "Ele é a manifestação da vida, que está no Pai e nele se torna vida eterna".[11]

A expressão "Vida Eterna" é central neste v. 2. Ela é descrita por meio de dois movimentos históricos. O primeiro refere-se ao Filho de Deus preexistente que se encarna. Deus se autocomunica, se dá a conhecer em Jesus, e essa manifestação de Deus em seu Filho torna-se um evento. O segundo, é quando a vida eterna torna-se objeto da experiência e do testemunho apostólico. É a experiência com Jesus Cristo e com seu Reino de amor e de justiça, por meio do anúncio da "Palavra Vital".

O conteúdo do anúncio é a revelação de Jesus, o Messias e Filho de Deus. É uma vida que, por ser fonte, nos faz viver; é uma vida que não tem limite. A "vida

---

[10] BEUTLER, *Le Lettere di Giovanni*, p. 39.
[11] TILBORG, *As Cartas de João*, p. 195.

eterna", portanto, é a participação na comunhão com o Pai e o Filho. A novidade desse segundo versículo é a de apresentar Deus como Pai eternamente.

A vida tem origem em Deus. É um dom, é dada gratuitamente. Essa vida que está em nós é eterna por ser a participação e a comunhão com a salvação. Dessa forma, deixar-se iluminar pela Palavra da Vida consiste em escutar aquele que nos chamou à vida e quer sustentar-nos no amor e pelo amor, e pede de nós uma resposta de fidelidade. Fidelidade à Palavra da Vida que foi pronunciada no "princípio", repetida nas promessas, confirmada na Aliança, realizando-se na redenção trazida por Jesus – a Palavra Encarnada –, e que é perpetuada nos gemidos vitalizantes do Espírito, que ecoam na intimidade de cada pessoa e da comunidade. Com isso, a Palavra da Vida é a fonte que dá sentido e orienta a caminhada da comunidade.

O v. 3 retoma o que foi afirmado no v. 1, antes do grande parêntese, repetindo os verbos (ouvir, ver e manifestar-se), o pronome relativo "que" e o binômio "nós" e "vós".

O termo "comunhão" (v. 3) em grego não significa simplesmente estar juntos, mas participar com, ser cúmplice, torna-se participante do projeto de Deus (κοινωνία – *koinōnía*). É a primeira vez que ocorre na literatura joanina a comunhão entre a comunidade com o Pai e o Filho, pois até então era afirmada somente a comunhão entre os integrantes de uma determinada comunidade. Em 1Jo, a comunhão é a palavra que melhor descreve a relação religiosa vital, na qual se encontra o cristão. Essa relação com Deus que é marcada pela fé e pelo amor, e é mediada por Jesus Cristo, o Filho de Deus

Encarnado (3,23; 5,20). No NT, esse termo é comum na literatura paulina, quando o Apóstolo fala da comunhão com o Filho de Deus (1Cor 1,9), com a paixão de Deus (Fl 3,10; 2Cor 1,7), com o Espírito (2Cor 13,13), na fé (Fm 6), com o Evangelho (Fl 1,5) e no serviço (2Cor 8,4). Transparece também a necessidade de uma comunhão quanto ao conteúdo do anúncio, em oposição às concepções pregadas pelos adversários. A noção de comunhão perpassa essa epístola, porém com outras expressões, como: "estar em Deus" (1Jo 2,5-6.24.27; 3,6.24; 4,12-13.15-16), "nascer de Deus" (1Jo 2,16; 3,10; 4,4.6; 5,19), "conhecer a Deus" (2,3.13-14; 3,6; 4,7-8) e permanecer em Cristo. Assim, a comunhão com Deus consiste em permanecer nele. Esse viver em comunhão com o Pai e com o Filho (1,3.6) e a salvação em Cristo conduzem necessariamente a estar em comunhão com o irmão,[12] excluindo, assim, um individualismo salvífico.[13]

O acúmulo de verbos provenientes da percepção sensorial, provavelmente, deseja acentuar que a Palavra da Vida não é uma teoria para ser apreendida ou compreendida intelectualmente, mas é uma experiência com o Messias Jesus. Por isso, a fé é uma experiência que envolve todo o nosso ser, todos os nossos sentidos, toda a nossa vida. Ela é profunda, existencial, por ser a revelação do mistério da Palavra, que nos concede a vida. Essa experiência não é fruto de um intimismo, mas tem como fundamento a comunhão com as outras pessoas e com o próprio Deus.

---

[12] HAUCK, F. κοινωνός, κοινωνέω, κοινωνία, συγκοινωνός, συγκοινωνέω. In: KITTEL, G.; FRIEDRICH, G. (A cura di). *Grande Lessico del Nuovo Testamento*. Brescia: Paideia, 1965. v. 5, p. 722.

[13] BEUTLER, *Le Lettere di Giovanni*, p. 43.

A finalidade do escrito é manter a comunhão entre os membros da comunidade e a alegria (v. 4). A alegria plena nos reporta para Jo 3,29; 15,11; 14,28; 16,20-24; 17,13 (cf. Sl 16,11), que nos indica um sentido escatológico. É a alegria de ouvir o anúncio da vinda do Messias Jesus, mesmo sem ter tido a oportunidade de conhecê-lo pessoalmente. Também se pode referir à alegria do autor por saber que os leitores vivem e experimentam a comunhão com Cristo. De fato, nossa alegria, como cristãos, está baseada na experiência da comunhão e da manifestação de Deus em Jesus. É a reação diante da certeza de que a vida é eterna e de que nossa vida é a vida de Deus em nós. Portanto, nesta introdução, diferente do Evangelho segundo João, o sujeito não é tanto a Palavra, apesar de sua importância, mas a Vida.

A alegria completa tem um conteúdo objetivo e preciso: a comunhão com Cristo e entre os demais membros da comunidade. O anúncio da Palavra da Vida tem como escopo ser uma boa-nova para os ouvintes e trazer a garantia de que, aquele que a comunica, é alguém que fez uma sólida experiência, porque está alicerçado na verdade.

A insistência em apresentar Jesus com o título de Filho de Deus e de Deus como Pai, provavelmente, era uma forma de se opor aos ensinamentos dos chamados "falsos mestres", os inimigos da comunidade, que negavam a encarnação do Filho de Deus e, por conseguinte, seu valor soteriológico (salvífico).

Capítulo 3

# "DEUS É LUZ" E O CAMINHAR NA LUZ: 1Jo 1,5–2,17

Esta seção tem duas subdivisões. A primeira traz as afirmações sobre Deus, a saber, que Deus é luz e nele não há trevas (v. 5), e a segunda gira em torno do batizado e das condições para viver em comunhão com Deus (1,6–2,17). Esse segundo tema também é estruturado em dois blocos: a) caminhar na luz e a confissão e remissão dos pecados (1Jo 1,6–2,6); e b) o amor para com o próximo (2,7-17). Dividimos o texto em pequenas unidades para facilitar a compreensão, portanto, por motivos didáticos.

## 3.1 "DEUS É LUZ E NELE NÃO HÁ TREVAS": 1Jo 1,5-10

Ofereceremos uma tradução e o comentário da primeira parte.

> [5] E este é o anúncio que temos ouvido dele e vos anunciamos: Deus é luz, e nele não há trevas. [6] Se dissermos que estamos em comunhão com Ele, e caminharmos nas trevas, mentimos e não praticamos a verdade. [7] Mas, se caminharmos na luz, como ele está na luz, estamos em comunhão uns com os outros e o sangue de Jesus, o seu Filho, purifica-nos de todos os pecados. [8] Se dissermos que não

temos pecado, enganamo-nos a nós mesmos, e a verdade não está em nós. ⁹Se confessarmos nossos pecados, Ele é fiel e justo para perdoar nossos pecados e nos purificar de toda injustiça. ¹⁰Se dissermos que não pecamos, fazemo-lo mentiroso, e sua palavra não está em nós.

1Jo 1,5-10 contém estilos diferentes: há um anúncio no v. 5, exortações e argumentações diversas. Os vv. 5-10 provavelmente têm como finalidade combater a perspectiva errônea dos opositores sobre a cristologia e a antropologia, abordadas na introdução deste subsídio. O texto inicia-se com a profissão de fé de que "Deus é luz e nele não há trevas" (v. 5), e a partir dessa afirmativa são extraídas as consequências para a vida do cristão:

a) a necessidade de caminhar na luz (vv. 6-7); e

b) a importância do reconhecimento dos pecados (vv. 8-10).

Em 1Jo 1,5-10, a fonte da mensagem é Deus Pai, enquanto em 1Jo 2,1-6, como veremos, o conteúdo é todo voltado para Jesus Cristo, como acontece no Prólogo (1Jo 1,1-4).

O v. 5 é um resumo do conteúdo exposto no prólogo, mas também do argumento a ser desenvolvido nos versículos posteriores. Ele é semelhante ao Evangelho segundo João, que, após o prólogo, começa com a frase "Este é o testemunho de João" (Jo 1,19). Outro elemento que caracteriza 1Jo 1,5–2,6 são as antíteses "verdade" e "mentira", "comunhão" e "pecado", provavelmente contrapondo as concepções dos adversários da comunidade.

A palavra "anúncio" ("mensagem" – *angelia* – ἀγγελία) ocorre somente nessa carta. A dupla assertiva, no v. 5, indica o conteúdo a ser proclamado: "Deus é luz e nele não há trevas". Essas afirmações não são novas, pois as encontramos de outra forma em alguns textos (Jo 8,12 e 12,35) e fazem parte da linguagem universal do simbolismo religioso. A autorrevelação de Deus é descrita como luz nos textos do Pentateuco, dos Profetas e Sapienciais (Sl 119,105.130; Pr 6,23). Porém, a proveniência dessa afirmação deve ser o ambiente helenístico e que, possivelmente, tenha influenciado os opositores, acentuando o aspecto luminoso de Deus e a identificação entre os batizados e os seres espirituais (seres de luz). Provavelmente, o autor não tinha a intenção de salientar a identidade divina ou de afirmar algo sobre Deus, mas sim de extrair dessa afirmação as consequências éticas para o agir cristão. De fato, o cristão é chamado a estabelecer uma comunhão com esse Deus que é luz caminhando na luz, pois somente assim é possível legitimar seu anúncio. Assim, não há uma comunhão com Deus sem um vínculo de unidade com a irmã e o irmão, pois nossa comunhão com Deus inclui uma comunhão com o outro, não havendo, portanto, separação (vv. 6-7), como também são inseparáveis a verdade e o amor.

Alguns autores defendem a influência dos apócrifos[1] no conteúdo desses versículos, pelas afinidades com o Testamento de Aser 5,3, que diz: "Não se pode dizer que a verdade é uma mentira, cada verdade está debaixo da luz". Outros acentuam a semelhança com os textos

---

[1] A palavra "apócrifo" significa "escondido", "segredo", e posteriormente passou a indicar os livros que não foram considerados inspirados e, por isso, não fazem parte do cânon, ou seja, do elenco dos livros inspirados da Igreja Católica, mas também das igrejas cristãs. Para um aprofundamento confira: SERVIÇO DE ANIMAÇÃO BÍBLICA. *Bíblia, comunicação entre Deus e o povo*. 10. ed. São Paulo: Paulinas, 2011. p. 44-48. ("Bíblia em Comunidade". Visão Global, 1).

de *Qumran*[2] (1QS 3,17-22), ao dizer que Deus, ao criar a humanidade para governar o mundo, lhe concedeu dois espíritos: o da verdade e o da iniquidade. Aqueles que caminham na luz estão sob o domínio do príncipe da luz. Enquanto a geração da iniquidade é dominada pelas trevas e dirigida pelo anjo das trevas.[3] Conforme a visão de *Qumran*, as pessoas agiam segundo um princípio interior positivo (luz, verdade) ou negativo (trevas, iniquidade e engano). A linguagem dual desta seção também se assemelha à dos textos sobre o Batismo, redigidos pelos membros das comunidades primitivas.[4]

Outra forma de compreender o v. 5 é interpretar o termo "luz", conforme alguns comentadores,[5] como uma meta a ser atingida, ou seja, a salvação escatológica. Essa visão enriquece a compreensão desse versículo, porém a salvação escatológica é intrinsecamente relacionada ao agir conforme a vontade de Deus, no hoje da história.

O termo "trevas" também ocorre em Jo no sentido teológico, ou seja, não pode ser entendido como algo externo a nós, nem como uma condição humana, no sentido psicológico, mas seria o estilo de vida daquele que não tem como referência a única luz, que é Deus, e não trilha o caminho do amor, como veremos.

---

[2] São escritos encontrados no noroeste do mar Morto, na região montanhosa, deserta, chamada *Qumran* (lunar), em 1947. Os 600 rolos e fragmentos de textos bíblicos e não bíblicos estavam espalhados em 11 cavernas da região. Para uma síntese sobre esses documentos confira: SERVIÇO DE ANIMAÇÃO BÍBLICA. *Bíblia, comunicação entre Deus e o povo*, p. 35.

[3] BROWN, *Le Lettere di Giovanni*, p. 333-334.

[4] Cf. Cl 1,13-14; Ef 5,6-11; Hb 10,19-21; 1Pd 1,16-19 e *Didaquê* 1-7. *Didaquê* é um texto que contém uma catequese para os cristãos das comunidades primitivas.

[5] TILBORG, As Cartas de João, p. 198.

A comunhão com o irmão não depende somente de um correto comportamento ético, mas de caminhar conforme a vontade de Deus. Segundo 1Jo 1,5-6, o agir cristão deve ter como fundamento e origem Deus, que é luz, pois, se há uma separação entre sua profissão de fé e a ação, essa pessoa é mentirosa.

### 3.1.1 O caminhar na luz ou nas trevas: 1Jo 1,6-10

O verbo "caminhar" é muitas vezes utilizado no AT e no NT para referir-se ao agir (Jo 8,12; 12,35; Is 60,1.3; Sl 118,27). Desse modo, "caminhar nas trevas" seria o inadequado comportamento diante de Deus-Luz (Is 60,19.20; Mq 7,8-9). Essa relação entre a ética e a metáfora da luz é constatada em outros textos bíblicos (Sl 89,16; 97,11; Is 2,5; 5,20).

Nos vv. 6-10, há os seguintes argumentos:
a) a dicotomia entre o professar algo e o agir (vv. 6-7);
b) a negação do pecado (vv. 8 e 10); e
c) as consequências positivas para aquele que confessa seus pecados (v. 9).

O v. 6 está em sintonia com os vv. 8 e 10. Observa-se a ligação entre o v. 5, ao afirmar que Deus é luz, e o v. 6, pois não é possível estar em comunhão com Deus e caminhar nas trevas. Por outro lado, estar na luz é praticar a verdade e agir conforme a Palavra, que habita o coração dos fiéis (v. 10). Isso é confirmado no v. 7, porém agora nos coloca em relação não somente com Deus Pai, mas também com Jesus Cristo e com o irmão. Ao unir esses elementos percebe-se que o agir ético não é fruto de um esforço humano, mas tem um fundamento teológico e cristológico.

Surge um novo binômio no v. 6: a verdade e a mentira. A mentira nos remete àquilo que é inautêntico e representa aquele que vive de forma incoerente, pois declara amar a Deus, mas não ama o irmão.

O "praticar a verdade" (v. 6) é uma expressão semítica (própria da cultura judaica) e normalmente lhe é atribuída um sentido moral, que seria agir sincera e corretamente, com retidão (Gn 47,29; Js 2,14; Is 26,10; Tb 4,6; 13,6). Mas em 1Jo parece assumir um sentido teológico e cristológico, pois a verdade está ligada a Deus, que é luz, e a Jesus Cristo, ou seja, a verdade é personificada. Essas explicações reportam ao Evangelho segundo João, quando professa que Jesus é pleno de graça e de verdade (Jo 1,14), que a verdade veio por meio de Jesus (Jo 1,17) e que aquele que "pratica a verdade se aproxima da luz, a fim de que as suas obras sejam manifestas, porque feitas em Deus" (Jo 3,20). Por outro lado, assume um caráter escatológico ao servir-se como intertextualidade Jo 8,12, que assegura que Jesus é a luz do mundo e todo aquele que o segue não andará nas trevas e terá a luz da vida. Essa frase de Jo ajuda a compreender por que é mentiroso aquele que diz estar em comunhão com Deus e, no entanto, caminha nas trevas. De fato, caminhar na luz, praticar a verdade e estar em comunhão com Deus são inseparáveis. Também contribui para entender a relação que o autor estabelece entre a mentira e Satanás (Jo 8,44; 1Jo 3,8).

O v. 7 confirma o que foi declarado no v. 6, porém amplia ao inserir a comunhão com os outros. Sublinha-se que a comunhão com Deus e com o outro significa caminhar segundo a vontade de Deus, ou seja, caminhar na luz. No final do v. 7, ao mencionar a purificação dos pecados, constata-se nova conexão entre a verdade, suas palavras, o caminhar na luz e a confissão dos pecados, o que será confirmado nos vv. 8-10. A inserção da "purificação dos pecados" por meio da morte de Jesus nos reporta à expressão "Cordeiro de Deus que tira o pecado do mundo", em Jo 1,29. O sangue de Jesus purifica por manifestar o grande amor de Deus (3,16; 4,10) e porque "Ele é fiel e justo" (v. 9; Dt 32,4). Essa purificação dos pecados por meio do sangue de Jesus é uma fórmula cultual própria dos sacrifícios de expiação (Lv 17,11), mas também é atestada na celebração batismal (Hb 9,14 e Ap 1,5).

A ênfase na morte expiatória provavelmente tem a finalidade de contrapor a tendência cristológica dos adversários, que negavam a mediação salvífica da humanidade e da morte de Jesus. Por isso, se o batizado caminha na luz, tem necessidade do perdão dos pecados, que se dá por meio da obra de Deus realizada no seu Filho Jesus Cristo crucificado e ressuscitado.

A purificação dos pecados por meio do "sangue de Jesus" (v. 7) também está em harmonia com o caminhar na luz e o estar em comunhão com o outro. De fato, ao aceitar caminhar conforme a luz, que é o próprio Deus, o cristão é purificado dos seus pecados, experimenta a misericórdia de Deus revelada em Jesus Cristo (3,16; 4,10) e restabelece a comunhão com Deus e com o outro. Mas é necessário reconhecer os pecados e professar a fé na misericórdia de Deus (v. 8).

Esta seção é marcada pela Teologia do Batismo, como expressão comunitária da fé e início de um processo progressivo, gradual e contínuo de adesão a Cristo. Nesse sentido, alguns comentadores concluem que seriam exortações que tinham como finalidade descrever quem é o cristão e seus deveres após o Batismo.[6]

O pecado está relacionado à transgressão do mandamento, à não observância da lei dada por Deus, como percebemos em vários textos do AT. Em 1Jo, o pecado tem esse mesmo sentido citado anteriormente, porém o mandamento consiste em cumprir a vontade de Deus, que é sintetizada em amar o próximo e crer em Jesus Cristo.

O pecado também é definido como sendo a iniquidade (3,4), a injustiça (5,17), a "concupiscência da carne", "dos olhos", a "soberba da vida" (2,16), a idolatria e a mentira. Todo aquele que comete pecado é escravo dele e a consequência do pecado é a morte (5,16). Em 1Jo, temos uma distinção entre pecados mortais e aqueles que não conduzem à morte. Somente Jesus Cristo é capaz de nos purificar dos pecados (3,5), pois ele é a oferenda de expiação (2,2; 4,10). No entanto, o maior pecado na literatura joanina é não crer em Jesus, o Messias, o Filho de Deus (Jo 16,8-9).

O autor contrapõe-se aos opositores que se consideram "sem pecado", por sua experiência pneumática (vv. 8 e 10), e tornam insignificante a ação salvífica de Cristo. Esses, provavelmente, são incapazes de reconhecer o amor de Deus e quem ele é, dado que ele revela sua justiça por meio da reconciliação, da purificação dos pecados. A mentira, portanto, consiste em recusar os efeitos da morte salvífica de Jesus e negar a manifestação de Deus em seu Filho.

---

[6] BERGER, *As formas literárias do Novo Testamento*, §40; p. 125-126.

Diante do reconhecimento do pecado (v. 9), Deus perdoa por ser fiel às suas promessas e à sua bondade. Ele é justo ao mandar o seu Filho para manifestar o seu amor e estabelecer uma Nova Aliança, que tem como uma de suas características o perdão dos pecados (Jr 31,31-34; Ez 36,25, e cf. Hb 8,12). O adjetivo "justo" é atribuído a Deus em contextos nos quais ele intervém salvificamente, socorrendo, perdoando (Is 45,21) ou condenando, dependendo da situação do povo ou da comunidade. Essa ação geralmente ocorre quando o povo reconhece o seu pecado.[7]

A pergunta que permanece é: quando seria feito esse reconhecimento dos pecados? A hipótese provável seria na confissão dos pecados, durante o ingresso na vida cristã, diante da comunidade reunida ou de um grupo de fiéis, sendo possivelmente repetida anualmente como forma de renovar a Aliança.[8] Essa confissão pública dos pecados ocorre também em Mc 1,5; Mt 3,6; Tg 5,16, no NT e nos documentos de *Qumran* (1QS 1,16–2,18). Reconhecer o próprio pecado é confiar na misericórdia divina. Deus, ao perdoar os pecados, se revela como "justo e fiel" (cf. Dt 32,4; Ex 34,6-7). Isso também é verificado em Rm 1,16-17 e 3,21-26, quando sustenta que a remissão dos pecados é a manifestação da justiça de Deus e expressão de uma Nova Aliança (Jr 31,34; Ez 36,25).

---

[7] RINGGREN, H. צָדַק [ṣādaq]. In: BOTTERWECK, G. J.; RINGGREN, H.; FABRY, H.-J. (A cura di). *Grande Lessico dell'Antico Testamento*. Brescia: Paideia, 2005. v. 7, p. 531-532.

[8] SCHNACKENBURG, R. *Cartas de San Juan*: versión, introducción y comentario. Barcelona: Herder, 1980. p. 124-125; BEUTLER, *Le Lettere di Giovanni*, p. 50; e TILBORG, As Cartas de João, p. 202.

O v. 10 parece rebater a afirmação dos opositores. Essa terceira contraposição é interrompida por uma exortação aos interlocutores em 1Jo 2,1, que está coligada com a negação do comportamento assumido pelos opositores. Nesse versículo, o autor adverte que, ao negar que não há pecado, essas pessoas tornam Deus um mentiroso, pois não abre espaço para a salvação realizada por Jesus Cristo e fecha-se à sua Palavra de Vida.

Os argumentos nos vv. 8-10 parecem contradizer os argumentos descritos em 3,6.9 e 5,18, sobre a impecabilidade do cristão. Entre os comentadores encontramos várias tentativas de explicação. A mais provável seria a distinção entre o ser humano pecador, antes da vinda de Cristo, e o cristão, que após o Batismo é livre do pecado, se permanecer unido a Cristo, pois é conduzido pelo Espírito. Portanto, o pecado não é soberano em sua vida. Este aspecto será desenvolvido em 1Jo 3,6-9.

### 3.1.2 Jesus: paráclito e justo: 1Jo 2,1-2

A perícope em 1Jo 2,1-6 está unida à anterior. A argumentação do autor continua da seguinte forma:

> [2,1]Filhinhos meus, isso vos escrevo para que não pequeis. Se, no entanto, alguém pecar, temos um defensor (paráclito) junto ao Pai: Jesus Cristo, o justo. [2]Ele é a oferenda de expiação por nossos pecados,[9] e não somente pelos nossos,[10] mas também pelos pecados do mundo inteiro.[11]

---

[9] O termo em grego também poderia ser traduzido por "propiciação".

[10] Para ficar claro, pode ser traduzido por "não somente pelos nossos próprios".

[11] A tradução de J. Konings é: "Meus filhinhos, eu vos escrevo estas coisas para que não pequeis. Se, todavia, alguém pecar, temos um paráclito junto ao Pai:

³Ora, nisto reconhecemos (podemos estar seguros) que o conhecemos, se guardamos seus mandamentos. ⁴Aquele que diz: "Eu o conheço", mas não guarda seus mandamentos, é mentiroso, e nele não está a verdade. ⁵Mas, naquele que guarda sua palavra, nesse, o amor de Deus verdadeiramente é perfeito.[12] Nisso reconhecemos que estamos nele. ⁶Aquele que diz que permanece nele deve caminhar como ele caminhou.

O capítulo 2 inicia-se com um apelo dirigido aos chamados "filhinhos meus" e com uma exortação a não pecar (v. 1); segue com a remissão do pecado (vv. 1-2) e o cumprir a vontade de Deus conforme o exemplo de Cristo (vv. 3-6). A expressão "filhinhos" ocorre em Jo 13,33, é típica desta carta (1Jo 2,12.28; 3,7.18; 4,4; 5,21) e é dirigida a todos os membros da comunidade.

A referência ao ato de escrever (v. 1) para a comunidade ocorre também em 2,4.7-8.12-14.21.26; 5,13, estreitando, assim, sua relação com seus interlocutores.

O autor anuncia que a comunidade tem um intercessor, Jesus Cristo, ao qual são atribuídos dois títulos: paráclito junto do Pai e justo. O termo "paráclito" pertence ao contexto jurídico e significa "defensor", no sentido de dar testemunho. Este título é atribuído a Jesus em Jo 14,16, mas é, mormente, utilizado no Evangelho Joanino para o Espírito Santo (Jo 14,16.17.26; 15,26; 16,7). Porém, há diferenças, pois, ao designar o Espírito,

---

Jesus Cristo, o Justo. E ele é a propiciação pelos nossos pecados – mas não somente pelos nossos próprios, mas também pelos do mundo inteiro" (cf. KONINGS, Johan. A metáfora da propiciação na Primeira Carta de João. *Estudos Bíblicos*, Petrópolis, v. 33, n. 129, p. 131-132, jan./mar. 2016).

[12] A perfeição deve ser entendida no sentido do termo grego, que significa "atingir a meta", "alcançar sua finalidade".

diz que tem a função de recordar as palavras de Jesus e ajudar os discípulos a segui-lo para poder enfrentar o "mundo" e permanecer no mundo como fiéis seguidores de Cristo. No caso de Jesus, ele é paráclito porque nos defende diante de Deus Pai, por isso é o nosso aliado, alguém em quem podemos confiar, pois deu a própria vida por nós (1Jo 3,16).

No Evangelho segundo João, Jesus também é chamado de justo[13] e defensor. Justo é aquele que tem uma adequada relação com Deus e com o outro, e, portanto, é sem pecado. Jesus é nosso defensor porque é justo e por ter expiado nossos pecados. A palavra "justo" também nos reporta a Is 53,11: "O justo, meu servo, justificará a muitos, e tomará sobre si suas iniquidades". Esse texto serve como intertextualidade, pois, em 1Jo 2,1-2, Jesus é apresentado como aquele que purifica, que expia os pecados. Mas, para que isso aconteça, é necessário aderir ao único salvador, Jesus Cristo, que é solidário com a humanidade, por oferecer a própria vida por fidelidade ao projeto do Pai.

Outro texto significativo é 2Mc 6,28-31, que descreve a oração de Eleazar, o qual pede a Deus para ter piedade de seu povo e castigá-lo no lugar deste, oferecendo seu sangue como meio de purificação e sua vida como resgate. Ao considerar esses elementos, podemos dizer que tais versículos oferecem uma nova forma de ver o sacrifício de expiação, ou seja, não significa que Jesus veio pagar com sangue a ofensa feita contra Deus, mas que Jesus livremente doa sua vida a Deus e a todos

---

[13] Confira 1Jo 2,1; 2,29; 3,7; Mt 27,19; Lc 23,47; At 3,14; 7,52; 22,14; 2Tm 4,8; 1Pd 3,18.

para transformar a injustiça, a perversão das relações, em amor e justiça.

Essa insistência no pecado e na comunhão, provavelmente, tem como finalidade rebater o argumento de alguns membros da comunidade que se consideravam sem pecado.

O termo *hilasmós* (ἱλασμός), traduzido por "oferenda de expiação" ou "sacrifício de propiciação" (v. 2), é utilizado também em 1Jo 4,10. Essa palavra é constatada na Septuaginta[14] para designar a festa ou dia das expiações (Lv 25,9), o sacrifício ou a oferenda de expiação ou reconciliação (Nm 5,8; 2Mc 3,33; Ez 44,27) e o perdão ou reconciliação dada por Deus (Sl 129,4 [LXX] e Dn 9,9 [Teodocião]). Somente em Lv 25,9 é utilizada para referir-se à "festa da expiação", traduzindo o substantivo hebraico *Kippurîm*, do radical hebraico *KPR*. Essa raiz verbal hebraica pode significar "cobrir", "expiar", "purificar", "cancelar" e ocorre tanto na esfera cultual como na jurídica. Em 1Jo, a redenção não é somente purificação de uma impureza, mas do pecado e da injustiça (1,7.9). Em 1Jo 2,2 é ampliado o horizonte da redenção, ao dizer que a ação reconciliatória de Jesus é universal, pois Jesus "é" a propiciação de nossos pecados, e não só dos nossos, mas do mundo inteiro. Mas que significa esse "é"? Conforme Konings, "podemos identificar três significados: 1) uma identificação de Jesus, como sacrifício ou como vítima sacrifical; 2) uma metáfora, em

---

[14] A Septuaginta contém a tradução do Antigo Testamento escrito em hebraico e aramaico para a língua grega (39 livros), os sete livros chamados deuterocanônicos e outros que não entraram no cânon da Bíblia usada pelos cristãos católicos. Desse modo, contém 53 livros e é também chamada de "cânon alexandrino".

que Jesus é comparado aos sacrifícios de propiciação; 3) uma substituição: Jesus ocupa o lugar dos sacrifícios de propiciação".[15]

Para selecionar o significado mais adequado é necessário nos perguntar: o que significa a propiciação nos textos sacrificais antigos, sobretudo nos relacionados à liturgia do Templo (Lv 1–7; 16)?

Como vimos, o termo *hilasmós*[16] ocorre também no âmbito cultual, que provavelmente seja o contexto referido no v. 2, para traduzir a raiz *KPR* (כפר), usada principalmente em textos da tradição sacerdotal, os quais descrevem os ritos do "Dia das Expiações"; e o sujeito que realiza o sacrifício é geralmente o sacerdote, salvo raras exceções (Lv 4,31-32; 19,22). Trata-se de um sacrifício com uma finalidade bem precisa: a expiação dos pecados. Aquele que cometeu um pecado, que comprometeu sua relação

---

[15] KONINGS, A metáfora da propiciação na Primeira Carta de João, p. 136-137.

[16] Pulcinelli, em sua tese doutoral sobre o tema da "expiação", menciona o trabalho de Janowski, o qual apresenta três modelos principais de expiação, baseando-se nos autores que aprofundaram o tema, como Milgrom, Schenker e Gese. O primeiro é a expiação como resgate por meio da substituição, o que podemos entender como expiação vicária. Nesse sentido, existe a expiação como purificação do Templo, visto que era possível contaminá-lo com os pecados do povo e do sacerdote (cf. Ez 43,19-26; Lv 18,25; Ex 30,10). O segundo seria a expiação como reconciliação (Ex 21,28-32), mas no sentido de ressarcimento ou num acordo para apaziguar um conflito tanto nos relacionamentos interpessoais quanto na relação com Deus. No sentido religioso, seria de expiar a ruptura com Deus, por causa de determinado pecado; neste contexto é o próprio Deus (o ofendido) que toma a iniciativa de se reconciliar com seu povo e que propõe um rito de expiação (Ex 34,6s; 1Sm 26,19; Sl 103). Nesses casos, o uso da raiz כפר (KPR) é raro e, quando utilizado, é para designar o pagamento, com o substantivo כפר (*Kōper*). O terceiro seria a expiação como ação simbólica de uma vida comprometida por causa do pecado, que é uma visão desenvolvida por Janowski. Pulcinelli afirma que, mesmo considerando o trabalho de Janowski, é necessário ter cautela quando se relaciona a expiação com a ideia de substituição (cf. PULCINELLI, G. *La morte di Gesù come espiazione*: la concezione paolina. Milano: San Paolo, 2007. p. 94-99 [Studi sulla Bibbia e il suo Ambiente, 11]).

com Deus, devia levar um novilho até o sacerdote, e este realizava o sacrifício de expiação.

Os sacrifícios eram considerados ofertas à divindade, sendo santificadas, consagradas a Deus. Em Lv 16,2.13-15, esse termo aparece nas descrições dos ritos a serem realizados no dia das expiações. Para alguns comentadores,[17] em Lv 16 foram reunidos vários ritos que inicialmente eram independentes. Esses ritos são: o sacrifício do novilho para a expiação dos pecados do sumo sacerdote e do povo (vv. 1-10); a imposição das mãos sobre o cabrito, transferindo-se para ele os pecados do povo e seu envio para o deserto (vv. 21-22); a aspersão do sangue sobre o propiciatório, a prescrição do jejum e do repouso absoluto (vv. 29-34). O envio do cabrito para o deserto tinha dupla finalidade: servia para expiar os pecados, eliminando-os, ou simbolicamente estava associado à morte do pecador e ao início da nova vida. Nesse sentido, era uma espécie de resgate da vida de alguém marcado pelo pecado.[18] A aspersão do sangue sobre o propiciatório (vv. 11-20), que estava no "Santo dos Santos" (cf. Lv 17,11; cf. Gn 4,8-12; 9,3-6 e Ez 22,2-4), também assumia dupla função: de expiar os pecados e de purificar o santuário, possivelmente contaminado pelos pecados da classe sacerdotal e do povo.

Na mentalidade da época, na cultura judaica, o odor que subia das oferendas queimadas (gordura de animal) até Deus fazia com que ele voltasse seu olhar para a humanidade (o sacrifício de agradável odor), restabelecendo a relação que tinha sido rompida. Assim, o

---

[17] DEIANA, G. *Levitico*: nuova versione, introduzione e comento. Milano: Paoline, 2005. p. 162-164. (I Libri Biblici. Primo Testamento, 3).

[18] PULCINELLI, *La morte di Gesù come espiazione*, p. 98-99.

sacrifício era uma mediação entre Deus e a humanidade, possibilitando, portanto, a reconciliação. No sacrifício de expiação ou propiciação prevalece o desejo de voltar-se a Deus, de estar novamente em comunhão com ele. Este significado está também presente nos chamados sacrifícios de expiação ou propiciação, em grego *hilasmós* (ἱλασμός – termo usado por 1Jo 2,2 e 4,10). Este termo grego indica o perdão gratuito da culpa, que está em sintonia com o significado do termo hebraico *kippur*, que evoca o "encobrimento" da culpa.[19] Assim, Deus cobre a falta para que não seja vista, por amor ao pecador e para que ele se arrependa. O texto de Lv 16 tem uma relação estreita com 1Jo 2,2, quando apresenta a festa de *Yom Kippurîm*.

Em Ez 44,27, o termo grego *hilasmós* (ἱλασμός) traduz *ḥaṭṭā'ṯ* (חטאת), no sentido de expiação dos pecados. Ele aparece num contexto de revelação divina, no qual é descrito o novo Templo de forma idealizada e é, também, sistematizado o território sagrado, com a finalidade de salientar a santidade do local. Nesses santuários, os sacerdotes levitas tinham a função de oferecer um sacrifício de expiação, quando os israelitas se desviavam do caminho traçado por Deus ou pela expiação dos próprios pecados, que é o caso da norma descrita em Ez 44,27.

Para Konings, o sentido metafórico seria o mais adequado, tendo presente o contexto de 1Jo 1,7–2,6, dado que é possível identificar três metáforas: o sangue que purifica do pecado (1,7); o "paráclito" que intercede em favor do povo (2,2) e a "propiciação". Porém,

---

[19] Cf. KONINGS, A metáfora da propiciação na Primeira Carta de João, p. 135.

é necessário ter claro que a morte de cruz de Jesus é resultado de sua fidelidade ao projeto do Pai, explícito em suas palavras e ações, que não foram aceitas. Desse modo, a ação misericordiosa de Jesus, a sua entrega, pode ser chamada, metaforicamente, de sacrifício de propiciação pelos nossos pecados, por causa de seu efeito na vida dos cristãos,[20] ou seja, à medida que aderimos a Jesus Cristo, somos purificados de nossos pecados. Um texto que nos poderá ajudar é o quarto cântico do Servo, Is 52,13–53,12, que apresenta a entrega do servo e a expiação dos pecados como efeito da atitude daquele que sofre em nome da justiça, que sofre por ser justo, como foi citado anteriormente. Um aspecto que chama nossa atenção é o caráter universal da ação redentora de Jesus (2,2), provavelmente em detrimento dos opositores que privilegiavam uma salvação particularista, somente para seu grupo.

Nesta seção, Deus é apresentado como Pai, fiel e justo, que se manifesta purificando cada pessoa dos seus pecados e de toda injustiça. É aquele que dá seus mandamentos e sua palavra, e convida à comunhão. Jesus Cristo é o Filho de Deus, o justo, o paráclito e aquele que purifica todos os pecados por meio de seu sangue, sendo assim instrumento de expiação. O cristão, por sua vez, é chamado a viver em comunhão com Deus Pai, com seu Filho e com os irmãos. É convocado a caminhar na luz para, assim, poder amar, conhecer e permanecer com Deus. Esse caminhar na luz significa, primeiramente, aderir a Jesus Cristo e a Deus, que é luz; depois, reconhecer os próprios pecados, ser purificado

---

[20] Cf. KONINGS, A metáfora da propiciação na Primeira Carta de João, p. 137.

por meio do sangue do Filho e cumprir os mandamentos, isto é, realizar a vontade de Deus.

A releitura da morte de Jesus como expiatória enfatiza também sua ação mediadora e salvífica, que intercede em favor do povo, ao constatar a ruptura da Aliança com Deus por causa do pecado. Nesse sentido, percebe-se uma relação entre 1Jo 1,7, na qual ocorre o termo "sangue", e a referência à purificação dos pecados. O sangue é indispensável no "Dia das Expiações" e sua presença nesses ritos pode ter duas explicações: a primeira, como forma de expiar os pecados, uma vez que o sangue está relacionado à "vida" e, por isso, tem esta capacidade (cf. Lv 17,11; Gn 4,8-12; 9,3-6); a segunda acentua a purificação do santuário, a fim de garantir a permanência da presença divina no Templo (cf. Lv 15,31; Nm 19,13.20; Jr 17,1). Esses aspectos não são excludentes, uma vez que o reencontro de Deus com a humanidade tornou-se possível por meio da morte de Jesus ("sangue"), purificando-a do pecado; mas, ao mesmo tempo, manifestando a presença de Deus no meio da comunidade. De fato, Jesus Cristo é o "lugar" da manifestação de Deus e a revelação de sua condescendência. Dessa maneira, exprime a ação benevolente e gratuita de Deus ao resgatar a humanidade.

Deus Pai nos reconcilia por meio da redenção realizada em Jesus Cristo. Dessa forma, o uso de "oferenda de expiação" salienta tanto a condescendência de Deus e a revelação do seu amor na humanidade de Jesus quanto o sentido salvífico da morte de Cristo. Dessa forma, 1Jo nos interpela a aderir ao Filho de Deus, que, por sua fidelidade ao plano do Pai, se entrega totalmente ao assumir a morte de cruz. O agente é Deus, ou seja, é o

Pai que opera a expiação a favor do ser humano. Esse aspecto diferencia-se da expiação descrita na literatura grega, dado que aquela era uma ação humana para aplacar a ira divina. O uso do termo *hilasmós* expressa a ação de um mediador ou intercessor que suplica a Deus em favor de um povo que se sente culpado. Jesus é, portanto, o mediador entre Deus Pai e a humanidade; é aquele que traz o perdão dos pecados, restaurando o pacto rompido e estabelecendo uma Nova Aliança. Sua morte não é uma forma de aplacar a ira divina, mas de libertar o ser humano daquilo que o separa da divindade, o pecado, que é a ruptura das relações com Deus e com o outro.

### 3.1.3 O conhecimento de Deus e a observância do mandamento novo: 1Jo 2,3-6

O argumento central dos vv. 3-6 é a relação entre o conhecimento de Deus e a observância do mandamento (antigo e novo), em particular, do amor fraterno. Diferentemente do versículo anterior, o v. 3 centra-se na pessoa de Deus Pai.[21] Nota-se uma afinidade entre esses versículos e Jo 13,34; 14,15-21; 15,10 (cf. também Os 4,1-2; Jó 36,10-12; 1Sm 2,12 e Is 1,3-4). Essa relação entre amar a Deus e a observância dos mandamentos é típica do Deuteronômio e da Teologia da Aliança.

Mas a pergunta que podemos fazer é: o amor pode ser mandado? Pode ser um mandamento? Esta pergunta é respondida pelo Papa Bento XVI, ao comentar sobre o amor a Deus e o amor ao próximo:

---

[21] Alguns comentadores sustentam que o autor está se referindo a Jesus Cristo. Essa dificuldade perpassa toda a carta, pois, como observam vários exegetas, não há uma nítida distinção entre Deus e Cristo em 1Jo.

A história do amor entre Deus e o ser humano consiste, precisamente, no fato de que essa comunhão de vontade cresce em comunhão de pensamento e de sentimento e, assim, o nosso querer e a vontade de Deus coincidem cada vez mais: a vontade de Deus deixa de ser, para mim, uma vontade estranha que me impõem de fora os mandamentos, mas é a minha própria vontade, baseada na experiência de que realmente é mais íntimo a mim mesmo de quanto o seja eu próprio.[22] Cresce, então, o abandono em Deus e Deus torna-se nossa alegria (cf. Sl 73,23-28).[23]

Assim, não se trata simplesmente de um mandamento imposto exteriormente, mas nasce da experiência de amor entre Deus e a humanidade. Surge como uma exigência interior, pois, ao vivenciar esse amor gratuito de Deus, somos impulsionados, do mesmo modo, a amar o próximo. É um amor que nos une a Deus, mas também ao nosso irmão.

Dessa certeza, surge a afirmação, presente nesta perícope, de que o critério para um verdadeiro conhecimento de Deus é a prática do mandamento, que se sintetiza no amor fraterno. De fato, o conhecimento de Deus passa pela revelação de seu amor em Jesus Cristo, que é a verdade, e da sua ação salvífica, pois somente ele traz o autêntico conhecimento de Deus de forma definitiva e exclusiva. Deus é a verdade e esse conhecimento da verdade passa pela observância dos mandamentos. Aquele que vive a incoerência de amar

---

[22] Cf. SANTO AGOSTINHO. Confissões, III, 6,11: CCL 27,32. In: BENTO XVI. *Carta Encíclica Deus caritas est*. São Paulo: Paulinas, 2006. p. 33. (A Voz do Papa, 189).

[23] BENTO XVI, *Carta Encíclica Deus caritas est*, p. 32-33.

a Deus e não agir eticamente é chamado de mentiroso, atributo dado ao Diabo em Jo 8,31-58.

É importante ressaltar que "conhecer" a Deus não se refere a algo meramente intelectual ou a uma revelação semelhante àquela concebida posteriormente no gnosticismo, mas significa participar de sua vida e aderir concretamente a Cristo, tendo um comportamento ético condizente com essa experiência.[24] Isso é confirmado quando o autor de 1Jo estabelece um paralelismo entre "conhecê-lo" (2,4a) e fazer morada nele (2,6a). Essa concepção também está presente na Nova Aliança retratada pelos profetas, ao afirmar que a Lei será colocada no coração das pessoas e assim todos o conhecerão (Jr 31,31-34; Ez 36,26-27). O conhecimento, portanto, é uma antecipação da revelação final em que tudo será entendido (1Cor 13,12).

Esse mandamento novo pode ser sintetizado em amar uns aos outros como Jesus amou. Assim, o amor revelado na prática de Jesus torna-se o fundamento de todo agir humano-cristão e o conteúdo da revelação. Apesar de o autor declarar que o amor a Deus e o amor ao próximo estão intrinsecamente interligados, esses dois amores não se fundem nem se confundem.

A expressão "o amor de Deus verdadeiramente é perfeito naquele que guarda sua palavra", em 1Jo 2,5, pode ser entendida de três formas.[25] A primeira foca no ser humano, que, ao viver conforme a Palavra de Deus, de acordo com o mandamento de amar ao próximo, expressa em seu modo de ser e agir o amor

---

[24] BROWN, *Le Lettere di Giovanni*, p. 392.
[25] STOTT, *I, II e III João*, p. 79.

de Deus. De fato, é o fim pelo qual ele foi criado e a comprovação de que age conforme agiu Jesus (1Jo 2,6). O termo "perfeito" deve ser compreendido como "atingir a meta", alcançar sua finalidade. Cumprir o mandamento significa guardar a Palavra de Vida, anunciada no prólogo desta carta. Nesse mesmo sentido, temos a segunda proposta, que seria o amor do ser humano para com Deus, tornando-se perfeito por ser fiel aos seus mandamentos ou por cumprir sua vontade. Mas há comentadores[26] que, ao estabelecer um paralelo entre 1Jo 2,4 e 1Jo 4,12, apresentam a terceira interpretação, ao afirmar que é o perfeito amor de Deus para com aquele que é fiel à sua Palavra. Amor esse que envolve o fiel, que penetra em todas as suas dimensões, o transformando e permanecendo nele (1Jo 2,5-6). Essas concepções não são excludentes, pois o fiel, ao experimentar o amor de Deus e ao deixar-se amar por ele, também o ama e passa a amar o próximo. Esse conjunto de relações leva ao cumprimento do plano salvífico de Deus (perfeição), que é o de revelar o seu amor incondicional, gratuito, generoso por meio de seu Filho Jesus, e também o de experimentarmos esse amor, expressá-lo por meio de uma adequada relação com nossos irmãos. Essa relação que 1Jo faz entre amor e perfeição como cumprimento dos mandamentos, provavelmente, é uma influência do pensamento judaico (Sb 6,18), diferenciando-se de outras concepções, que relacionavam a perfeição com o conhecimento ou a revelação, como alguns grupos gnósticos.

---

[26] BEUTLER, *Le Lettere di Giovanni*, p. 59, e TILBORG, As Cartas de João, 207.

Os argumentos apresentados em 1Jo 1,5-10 são retomados em 1Jo 2,6, como o de permanecer na luz, não como uma realidade estática, mas dinâmica, pois supõe a observância do mandamento do amor. Permanecer em Deus também nos reporta à Nova Aliança, descrita em Jr 31,31-34 e Ez 36,26-28, e à promessa da presença de Deus no meio do povo e nele, conforme a Teologia da Presença, que perpassa os textos do AT (Sb 7,25-27; Zc 2,14-15; e cf. Jo 17,21; 15). Esses elementos caracterizam a verdadeira religiosidade, que consiste em ter a mesma mentalidade de Jesus Cristo e pautar a vida segundo os valores evangélicos, ou seja, conforme a vontade de Deus.

### 3.2. O AMOR FRATERNO E AS ANTÍTESES: LUZ E TREVAS, O PAI E O MUNDO: 1Jo 2,7-17

Os indícios de uma nova perícope no v. 7 são: o voltar-se ao interlocutor, os nomeando como "amados"; a mudança do sujeito e do objeto, e o convite do autor para refletir sobre o "mandamento". Porém, não há consenso quanto à subdivisão dos vv. 7-17. A opção em uni-los parte da constatação de ligames lexicais (vocabulário semelhante) e por seu conteúdo, ao abordar o amor fraterno, a vitória sobre o pecado, o maligno, o mundo e suas concupiscências. Observa-se também a presença de várias antíteses: "luz" e "trevas"; "amar" e "odiar"; o "perdão" e o "pecado"; a "Palavra" e o "maligno"; o "amar o mundo" e o "permanecer e amar a Deus". Quanto aos versículos posteriores, há uma divisão no v. 18 com o surgimento do anticristo e o dirigir-se aos membros da comunidade, designando-os como "filhinhos".

53

O autor, nos vv. 7-17, declara o seguinte:

⁷Amados, não vos escrevo um mandamento novo, mas um mandamento antigo, que tendes desde o princípio. O mandamento antigo é a palavra que ouvistes. ⁸Novamente, um mandamento novo vos escrevo, o que é verdadeiro nele e em vós, porque as trevas passam e a luz verdadeira já brilha. ⁹Quem diz estar na luz, mas odeia o seu irmão, está nas trevas até agora. ¹⁰Quem ama seu irmão permanece na luz, e nele não há motivo de tropeço (escândalo). ¹¹No entanto, aquele que odeia seu irmão está nas trevas, nas trevas caminha e não sabe para onde vai, porque as trevas cegaram os seus olhos. ¹²Escrevo-vos, filhinhos, porque foram perdoados vossos pecados por seu nome. ¹³Escrevo-vos, pais, porque conheceis aquele que é desde o princípio. Escrevo-vos, jovens, porque vencestes o maligno. ¹⁴Escrevi-vos, filhos, porque conhecestes o Pai. Escrevi-vos, pais, porque conhecestes Aquele que é desde o princípio. Escrevi-vos, jovens, porque sois fortes, e a Palavra de Deus permanece em vós e vencestes o maligno. ¹⁵Não ameis o mundo, nem as coisas que há no mundo. Se alguém amar o mundo, não está nele o amor do Pai, ¹⁶porque tudo o que há no mundo – a concupiscência da carne, a concupiscência dos olhos e a soberba da vida – não é do Pai, mas é do mundo. ¹⁷O mundo passa e também sua concupiscência, porém aquele que faz a vontade de Deus permanece para sempre.

Os vv. 7-11 retomam o tema do mandamento, que, para o autor, não é novo, mas sim antigo, dado desde o princípio. A expressão "desde o princípio" pode ser interpretada de duas formas: refere-se a Jesus, que é a fonte, a origem deste mandamento (Jo 13,33-34), ou pode ser interpretada como sendo o querigma (Jo 15,12.17). O querigma é o anúncio do mistério da salvação. Por isso, é o primeiro, por ser o anúncio principal, fundamental, por apresentar o projeto do Pai, que se realiza em Jesus de Nazaré e que continua nos fiéis que aderiram a Cristo e que são conduzidos pelo Espírito.[27]

A expressão "desde o princípio" também remete a 1Jo 1,1 e 2,7, ao referir-se à Palavra da Vida e ao mandamento. Essas hipóteses não são excludentes, pois o querigma é o anúncio do amor incondicional, generoso e gratuito do Pai que se revela em Jesus Cristo. O batizado, ao experimentar esse amor, é interpelado a vivenciá-lo, amando também seu irmão, e a anunciá-lo com seu testemunho. Anúncio esse que necessita ser sempre ouvido para manter sua novidade, sendo boa-nova na vida diária do cristão, nas vicissitudes do seu dia a dia. Esse mandamento também nos reporta ao AT, nos textos de Dt 6,5 e Lv 19,18, os quais são colocados juntos para reforçar que o amor a Deus tem como consequência lógica o amor para com o irmão, porém agora tendo como parâmetro o amor de Deus revelado na entrega de Jesus Cristo, ao doar sua vida por fidelidade ao plano do Pai.

Em 1Jo 2,8 é retomada a antítese "luz" e "trevas", "ódio" e "amor", e as respectivas atitudes de quem segue um ou outro. Percebe-se agora que a verdadeira luz é Jesus. Isso nos remete ao Evangelho Joanino (Jo 1,5.9; 3,2; cf. Is 9,1). O autor novamente critica aqueles que se sentem iluminados mas não expressam essa relação

---

[27] PAPA FRANCISCO. *Exortação Apostólica Evangelii Gaudium*: a alegria do Evangelho. São Paulo: Paulinas, 2013. p. 135. § 164. (A voz do Papa, 198).

com Cristo no seu agir (1Jo 2,9). A pessoa que está na luz cumpre os mandamentos, segue a vontade de Deus (Sl 119,165; Os 4,17 [LXX]; Jt 5,20) e não é causa de escândalo, ou seja, não comete pecado contra o irmão nem conduz o outro ao pecado. Obviamente, aquele que segue as trevas não cumpre a vontade de Deus e alimenta ódio em seu coração. Esse ódio o cega, prejudicando sua capacidade de discernir e julgar com objetividade, de forma parcial. Ao não ser conduzido pelo caminho da luz, comete pecados, sendo motivo de tropeço para os irmãos. Por conseguinte, não está em comunhão com Deus (1Jo 1,6-7; 2,6; 2Cor 4,4), pois sua ação testemunha que não acredita na ação salvífica do Filho de Deus (Mt 13,13-15; Jo 9; Rm 11,9). Observa-se uma sintonia entre Jo 12,35-40 e Lv 19,9-14.

A expressão "ser motivo de tropeço" também ocorre nos evangelhos sinóticos e é atribuída às pessoas que desviam as outras do caminho de Jesus, conduzindo-as ao pecado (Mt 18,8-9), ou que tentam desviar o próprio Jesus da fidelidade ao projeto do Pai, por não pensarem como Deus (Mt 16,23). O primeiro exemplo assemelha-se ao contexto de 1Jo 2,10.

No final desta seção, no v. 11, temos três características daquele que odeia seu irmão: "está nas trevas, caminha nas trevas e não sabe para onde vai", ou seja, não tem uma existência marcada pela ética cristã, está desorientado porque Jesus Cristo não é o sentido de sua existência, nem é sua luz.

Os vv. 12-14 podem estar ligados tanto à passagem anterior como à posterior, por trazerem motivações com conteúdos variados. Diante dessa dificuldade, alguns comentadores defendem que eles formam uma perícope independente. Porém, sua finalidade é clara: esclarecer os ouvintes de que eles já foram perdoados, conhecem a Deus e, portanto, têm forças para vencerem o maligno.

As motivações são dirigidas aos: filhos, jovens e pais. Não há consenso se "filhos" representam tanto os jovens como os pais ou se são três grupos distintos. Outra dificuldade é definir estes três grupos antes mencionados, dado que os termos "filhos", "pais" e "jovens" podem ser entendidos como um merisma,[28] a fim de representar a totalidade da comunidade (cf. Jl 3,1-5; At 2,17-21; Jr 31,31-34), sendo, portanto, destinados a todos os membros,[29] ou são motivações dirigidas a grupos específicos, dos pais, dos jovens e para ambos, dado que todos são filhos. Outra possibilidade seria interpretar como diferentes estágios de maturidade espiritual,[30] ou como destinados às lideranças com funções diferentes dentro da comunidade. Nesse sentido, o "filho" seria aquele gerado na fé; o "pai" aquele que tem a missão de acompanhar e introduzir o fiel na vida da comunidade e no seguimento de Jesus; e o jovem, qualquer batizado que, ao aderir a Jesus Cristo e permanecer fiel à Palavra de Deus, é forte (1Jo 2,14) e capaz de opor-se a tudo que é contrário à vontade de Deus (maligno).[31]

---

[28] Merisma é um recurso estilístico que une duas palavras opostas para expressar a totalidade, por exemplo: céu e terra constitui a totalidade do mundo (cf. SILVANO, Z. *Introdução à análise poética de textos bíblicos*. São Paulo: Paulinas, 2014. p. 59. (Bíblia em Comunidade. Bíblia como Literatura, 5).

[29] TILBORG, As Cartas de João, p. 212-213.

[30] Cf. STOTT, *I, II e III João*, p. 83.

[31] PAGLIA, V. *Amatevi gli uni gli altri*: le lettere cattoliche. Milano: Leonardo International, 2006. p. 67.

As frases[32] anunciam o conteúdo da fé e da experiência batismal dos interlocutores.[33] Há dois anúncios para os filhos, três para os jovens e repete-se o mesmo anúncio para os pais. Provavelmente, os filhos representam os membros da comunidade, por ocorrer a mesma designação em 2,1.28; 3,7.18; 4,4; 5,12. Assim, as motivações destinadas a eles atingem os demais. Eles são descritos nos vv. 12 e 14, sendo o primeiro o de ter seus pecados perdoados por causa do nome, que, provavelmente, se refere a Jesus Cristo, e por conhecerem o Pai. Ao considerar como estágios de maturidade na fé, podemos dizer que é o primeiro momento, após o Batismo, quando o fiel é perdoado dos seus pecados e torna-se filho de Deus, pertencente a sua família (Gl 4,6).

A palavra "pecado" (ἁμαρτία – *hamartía*) em grego traduz vários termos em hebraico, mas em 1Jo se identifica com a iniquidade (ἀνομία – *anomía* –3,4) e com a injustiça (ἀδικία – *adikía* –1,9; 5,17).

O termo "nome" geralmente é utilizado para designar a divindade e enfatizar o poder de sua ação salvífica. No AT, essa palavra foi introduzida como uma substituição[34] do Tetragrama e indica a presença de Deus que se volta ao ser humano.[35] Esse termo também nos

---

[32] As variações nos tempos verbais (presente e aoristo) são uma estratégica estilística, provavelmente, com a finalidade de enfatizar que aquilo que está sendo escrito não é novo (cf. BROWN, *Le Lettere di Giovanni*, p. 443).

[33] Alguns comentadores interpretam os vv. 12-14 como sendo os motivos pelos quais o autor escreve para diferentes grupos, porém neste contexto é melhor ser vistos como descrição do conteúdo a ser anunciado (cf. BEUTLER, *Le Lettere di Giovanni*, p. 66).

[34] ALONSO SCHÖKEL, L.; CARNITI, C. *I Salmi*. Roma: Borla,1993. v. 2, p. 334. (Commenti Biblici).

[35] KRAUS, H.-J. *Psalms 60-150*: a commentary. Minneapolis: Augsburg Fortress, 1989. p. 252-253. (Continental Commentaries).

reporta à experiência da revelação de Deus a Moisés (Ex 3,13-15; 15,3; 20,7) e, particularmente, exprime a benevolência divina e a garantia de proteção e libertação.[36] Ser batizado em nome de Jesus e receber o perdão dos pecados eram fórmulas típicas da tradição batismal, também encontradas em At 2,38; 10,43, reforçando o sentido salvífico do mistério pascal (Jo 17,6; 20,31). O perdão dos pecados e o conhecimento de Deus são duas características da Nova Aliança descritas em Jr 31,31-34.

A mensagem para os pais, descrita no v. 12 e repetida no v. 14, está fundamentada em conhecer "Aquele que é desde o princípio". Essa expressão pode ser interpretada como sendo Deus, o eterno, ou Jesus Cristo. Os fiéis, provavelmente, tomavam conhecimento de Jesus e do projeto do Pai no início da vida cristã.

O último grupo é o dos jovens, que aparecem nos vv. 13 e 14 como aqueles que venceram o maligno e são fortes porque a Palavra de Deus permanece neles (1,10; 2,5). Vencer o maligno está relacionado com a vitória do Reino, por meio de Jesus (cf. 2,5.14).[37]

O termo "maligno" (πονηρός – *ponērós*) ocorre cinco vezes em 1Jo (2,13.14; 3,12; 5,18.19) e pode ser compreendido como sendo aqueles que se opõem ao plano de Deus revelado em Jesus Cristo (Jo 6,70; 8,44; 13,2.27), ao se identificarem com o mundo (1Jo 5,19), com o pecado (5,18) e com Caim (3,12). Para esse terceiro grupo é reforçado o poder da Palavra, da fé e de

---

[36] Conferir as citações sobre obter a proteção ou a salvação por meio do nome: Sl 5,12; 31,4; 44,6; 79,9; 91,14; 106,8.47; 109,21; 116,4; 118,10; 119,132; 124,8 e 143,11.

[37] É possível encontrar nos textos de *Qumran* afirmações semelhantes e também relacionadas ao conhecimento de Deus e ao perdão dos pecados (1QS 2,25–3,12 e 11,14-16).

cumprir a vontade de Deus. Diante dessas conclusões, podemos afirmar que, possivelmente, os interlocutores são aqueles que passaram pelo processo de conversão, iniciação e inserção na comunidade. O autor, diante dos conflitos internos e adversidades que a comunidade está vivendo, tenta recordá-los da experiência batismal, a fim de renovarem a fé, manterem-se perseverantes e reassumirem o compromisso de escutar a Palavra e de vivê-la, pois somente assim enfrentarão as oposições que surgirão contra a Palavra da Vida (maligno).

As exortações nos vv. 15-17 estabelecem um contraste entre o que passa e o que permanece e a incompatibilidade entre amar o "mundo" e permanecer no "amor de Deus". Aspectos que estão em sintonia com os vv. 7-14.

O mundo, nos vv. 15-17, não pode ser entendido como o cosmo, mas como o conjunto dos poderes opostos a Deus. São forças contrárias aos desígnios de Deus para com a humanidade, como o "antirreino", o "maligno". Esses versículos estão intrinsecamente em sintonia com o Evangelho segundo João, ao declarar que aqueles que amam o mundo não pertencem a Deus, mas ao maligno (Jo 5,19), ao exortar aqueles que amam aproximarem-se da luz, não das trevas (Jo 3,19), e ao identificar o "mundo" com ações egocêntricas, atitudes de pessoas que centram suas preocupações em si mesmas (Jo 12,25.43).

O amor pelas coisas que estão no mundo, em 1Jo 2,15, poderia ser o amor pelos bens materiais, mas isso não é típico das concepções desse escrito, que se diferencia da literatura filosófica greco-romana e também dos outros evangelistas. Podemos identificá-lo com atitudes de pessoas que não agem segundo a vontade de Deus, conforme será explicitado nos três tipos de concupiscência. Na primeira concupiscência, o termo "carne" pode ser interpretado como uma referência ao ser humano em sua fragilidade (carne), em sua condição humana. Portanto, a "concupiscência da carne" seria o desejo de superar os limites da condição humana, em ser deus, e não uma criatura. Nesse sentido, seria a idolatria e a desobediência ao mandamento dado por Deus, que é retratado na narrativa de Adão e Eva em Gn 3. Podemos também entender "carne" no sentido ético, ou seja, de ser conduzido pela "carne" e não pelo "espírito", conforme encontramos nas cartas protopaulinas (Gl 5,16-21; Rm 13,13-14). Seria, portanto, a transgressão de todas as normas relativas à sexualidade (prostituição, adultério, relacionada com Gn 6), à idolatria (e com ela a magia, a feitiçaria, orgias), e as rivalidades e hostilidades nos relacionamentos fraternos (a raiva, a discórdia, a divisão, as intrigas), ou seja, a perversão nas relações com Deus (idolatria) e nas relações entre as pessoas (injustiça, exploração do outro); atitudes que fazem com que a pessoa se volte para si mesma.

Uma dificuldade é compreender o que significa "concupiscência dos olhos". Em geral, o olho está relacionado com a cobiça, a inveja, que na tradição rabínica era interpretada como pecado de Caim, que mata seu irmão Abel justamente por causa da inveja, da maldade (Gn 4), como mencionado em 1Jo 3,11-12. Nos textos do AT, os pecados relacionados ao olhar (Eclo 14,9) têm como característica o desejo de posse de algo ou de determinada pessoa (Jó 31,1; Js 7,21; 2Sm 11,2); por isso a inveja, a cobiça (Eclo 23,4-6; 14,10), e também a avareza, a tentação de acumular e de não se abrir ao irmão necessitado (Sl 73,6-7; 1Jo 3,16).

A expressão "soberba da vida", no v. 16, também não é de fácil interpretação. A palavra em grego presente nesse versículo (ἀλαζονεία – *alazoneía*) também pode ser traduzida por fanfarrão, vanglória, ostentação, falsidade e arrogância. Essa palavra relacionada com "vida" pode ser a soberba que se torna um estilo de vida marcado pela sede de poder, de honra, de vanglória, ou ser traduzida pela expressão "avareza na posse dos bens necessários à vida", ou seja, a pessoa avarenta busca constantemente acumular bens materiais, sem uma sensibilidade para com o outro. Outra interpretação seria considerar como sendo aqueles que não "nasceram do espírito", ou seja, que se restringem à vida biológica e material e não acreditam na vida eterna,[38] rejeitando a revelação de Deus por meio do seu enviado, o seu Filho, que vem ao mundo para salvá-los, e, portanto, amam mais as trevas do que a luz (Jo 3,17.19-20). Essa possibilidade é pertinente pela afinidade temática e pelo uso do mesmo vocabulário, ao considerarmos os contextos literários nos quais essas perícopes estão inseridas.

Em 1Jo 2,17, o autor contrasta a transitoriedade, a efemeridade, a fragilidade do "mundo" e da concupiscência, pois não são consistentes, e a perenidade em permanecer com e em Deus (Sl 1,3-6). Portanto, temos duas modalidades de pessoas: aquelas voltadas para si mesmas, para seus interesses e desejos, e aquelas que escutam a vontade de Deus e a coloca em prática, ao observar-lhe os mandamentos e ao realizar seu projeto de amor e de vida.

---

[38] BROWN, *Le Lettere di Giovanni*, p. 455.

Há um paralelismo entre "luz" e "trevas", "o mundo" e "o Pai". Entre a luz e as trevas, o fiel é chamado a escolher a luz, que é Cristo, mas, ao escolhê-la, o cristão é chamado a praticar o mandamento novo, que é o amor fraterno. Entre o Pai e o mundo, o fiel é convocado a não amar o mundo, mas, sim, o Pai. Desse modo, podemos dizer que esta seção sintetiza o que significa o "mandamento novo", a saber, o amor a Deus Pai (primeiro mandamento) e o amor para com o próximo.[39]

---

[39] GIURISATO, *Struttura e teologia della prima Lettera di Giovanni*, p. 385.

Capítulo 4

# "A ÚLTIMA HORA": 1Jo 2,18-28

Após exortar os cristãos a distanciarem-se de tudo que se opõe ao seguimento de Jesus (1Jo 2,15-17), o autor reflete sobre a última hora (vv. 18-19) e o que significa permanecer na unção recebida (vv. 20-28). Como mencionado nos comentários anteriores, os elementos retratados nessa perícope nos remetem ao Batismo. Nesta seção encontramos várias citações do Evangelho segundo João, como: Jo 8,44 (v. 21); 5,23 e 12,44-45; 14,6-7 (v. 23); Jo 5,24; 6,40; 15,7-10; 17,2 (vv. 24-25).

O autor denuncia os denominados "anticristos" (vv. 18-19), por negarem o messianismo de Jesus (v. 22) e por ensinarem publicamente tal mentira, enganando os verdadeiros seguidores de Cristo (v. 26). Em contraste com as palavras mentirosas dos adversários (vv. 22-23), a comunidade deve manter-se fiel à palavra ouvida "desde o princípio" (v. 24), permanecendo em comunhão com o Pai e o Filho, para estar preparada para a Parúsia (v. 28). Apesar de ter como uma das temáticas o "anticristo", esse texto tem a finalidade de renovar a profissão de fé em Jesus Cristo e na comunhão entre Deus, o Filho e os fiéis; reafirma a presença do Espírito Santo e sua união com a Palavra de Cristo e anuncia a vinda gloriosa de Cristo, na Parúsia.

Vejamos o texto:

[18]Filhinhos, é a última hora e como ouvistes que um anticristo vem e eis que agora muitos anticristos têm surgido. Por isso, sabemos que é a última hora. [19]Eles saíram de nosso meio, mas não eram dos nossos; se de fato fossem dos nossos, teriam permanecido conosco, mas para que se tornasse manifesto que todos não são dos nossos. [20]Vós, no entanto, tendes uma unção que vem do Santo e conheceis tudo. [21]Não vos escrevi porque não conheceis a verdade, mas porque a conheceis e porque nenhuma mentira procede da verdade. [22]Quem é o mentiroso senão aquele que nega que Jesus é o Cristo? Este é o anticristo: aquele que nega o Pai e o Filho. [23]Todo aquele que nega o Filho não tem o Pai; quem confessa o Filho também tem o Pai. [24]Permaneça em vós o que ouvistes desde o princípio. Se permanecer em vós o que ouvistes desde o princípio, também vós permanecereis no Filho e no Pai. [25]E esta é a promessa que Ele nos prometeu: a vida eterna. [26]Essas coisas vos escrevi a respeito daqueles que vos querem desviar (enganar). [27]Quanto a vós, a unção que recebestes dele permanece em vós e não tendes necessidade de que ninguém vos ensine; mas como sua unção vos ensina respeito de todas as coisas, e é verdadeira, e não é falsa, assim, conforme ela vos ensinou, permanecei nele. [28]E agora, filhinhos, permanecei nele, para que, quando Ele se manifestar, tenhamos confiança e não sejamos envergonhados diante dele no momento de sua vinda (Parúsia).

A unidade da perícope é justificada pelos ligames lexicais[1] (repetição de pronomes de primeira e segunda

---

[1] É o conjunto de palavras pertencentes a determinada língua; seria o mesmo que vocabulário.

pessoa do plural, e dos verbos "permanecer" e "manifestar") e pelo tema escatológico no início (v. 18) e no final da perícope (v. 28).

No v. 18, o autor anuncia a chegada da "última hora" para todos os membros da comunidade, por meio da designação "filhinhos", por causa da presença do "anticristo". A profecia da vinda do anticristo e o seu cumprimento são os elementos centrais deste versículo.

O autor esclarece que a profecia da vinda desse anticristo já era anunciada; provavelmente, esteja se referindo à pregação realizada na comunidade joanina. Porém, não encontramos no Evangelho segundo João a profecia de um anticristo. O termo "anticristo" é constatado somente nas cartas de João (1Jo 2,18.22; 4,3 e 2Jo 7), apesar de haver nas comunidades primitivas cristãs e na literatura judaica a concepção da vinda de um adversário escatológico de Deus ou de Cristo no fim dos tempos (Mt 24,23-25; Mc 13,21-23; Lc 21,8-9). Tal concepção está também presente no NT, porém esse adversário é denominado de diferentes formas, como: "fera" (ou monstro) em Ap 13; o "homem da iniquidade", em 2Ts 2,3, e o "abominável da desolação", em Mc 13,14. Há também alusões à grande tribulação, que anunciaria a chegada dos "últimos dias" (2Tm 3,1; 2Pd 3,3) ou o "fim dos tempos" (Jd 18), e que seria precedida por um julgamento (Jo 6,39; 12,48). Essa visão está em sintonia com a apocalíptica judaica, que proclamava a vinda de pseudoprofetas, falsos messias, antes da Parúsia, com a intenção de enganar o povo de Deus. Porém, não são dadas informações sobre quando isso aconteceria ou a duração dessa "hora final".

No NT, nota-se que várias expressões escatológicas são utilizadas para descrever o momento da morte de Jesus e sua ressurreição, por ser impregnado do caráter escatológico. Isso também é perceptível no termo "hora", que é característico do Evangelho Joanino, para referir--se à paixão, morte e ressurreição de Jesus e à vinda do Espírito Santo. No Evangelho segundo João, o anúncio escatológico, diferentemente dos sinóticos, encontra-se no longo discurso na última ceia, com características pós-pascais (Jo 15,26; 16,5-15.20-23). Nestes textos, era anunciado um período de tribulação e de perseguição para os seguidores de Jesus (Jo 16,1-4), provavelmente influenciados pelas profecias de Daniel (Dn 7,1-8; 12,1-13). Em 1Jo, percebe-se que o "anticristo" é representado por aqueles que negam e se opõem a Jesus Cristo.

## 4.1 A MANIFESTAÇÃO DO ANTICRISTO E A MANIFESTAÇÃO DE CRISTO

A perícope constituída pelos vv. 18-28 é delimitada por duas manifestações: a do anticristo (vv. 18-19) e a de Cristo (v. 28), com o julgamento final. Em 1Jo, a vinda do anticristo (v. 18) é anunciada em dois momentos. No primeiro, sua vinda já é no presente, após a encarnação ou a paixão redentora de Jesus Cristo. Desse modo, a luta escatológica entre Cristo e seu adversário acontece na história e na comunidade. No segundo momento, aconteceria antes do fim dos tempos, na "última hora", ou no tempo da tribulação (das dores do parto), que antecederia o fim definitivo. Assim, fica difícil determinar se o autor, no v. 18, está se referindo ao primeiro ou ao segundo momento. Independentemente de nossa escolha, acreditamos ser provável que o autor deseje mostrar que há uma tensão entre aqueles que seguem a Cristo e aqueles que seguem o anticristo.

Numa primeira antítese (vv. 18-20), os anticristos são identificados com aqueles que eram da comunidade ("eles saíram de nosso meio") e que se contrapõem aos que receberam a unção. Para alguns comentadores, o anticristo é o cisma em si, ou seja, a divisão doutrinal dentro da comunidade cristã,[2] que trouxe grande sofrimento para a comunidade joanina. Esses membros romperam a comunhão na comunidade, renegando a Cristo (2,22-23). A constatação de que eles não fazem parte da comunidade, por meio do uso do verbo "permanecer", no v. 19, transparece a intensidade dessa cisão, por ser um verbo significativo em 1Jo para exprimir a profunda comunhão existente entre os membros e por representar uma condição indispensável para demonstrar a fé cristã, em razão de expressar a ligação entre o fiel e a luz (2,10), entre o crente e Cristo (2,6.24) e entre o fiel e Deus Pai (2,24; 3,6; 4.13.16). Estar em comunhão caracteriza a identidade daquele e daquela que seguem Jesus Cristo.

Percebe-se que o problema, até então apresentado, baseava-se em questões éticas, como a desobediência aos mandamentos, o caminhar nas trevas, a falta de amor pelo próprio irmão e a pretensão de não ter pecado; pretensão baseada na falsa visão de estar em comunhão com Deus, de permanecer nele e de viver num estado de perfeição. Porém, o autor deixa claro que a matriz de todos os problemas está na divergência quanto ao conteúdo, ao contrapor-se à ação e às palavras de Cristo

---

[2] BROWN, *Le Lettere di Giovanni*, p. 507.

Jesus, enviado pelo Pai para revelar seu projeto de amor, trazendo, portanto, consequências ao se conceber e viver a ética cristã.

O problema não era tanto negar a encarnação do Filho de Deus, enfatizando somente sua divindade, mas sim rejeitar o significado salvífico[3] da encarnação do Filho de Deus e renegar o messianismo.[4] Essa rejeição se refletia na vivência ética desses membros: não era coerente com o compromisso assumido no Batismo e com a experiência de serem redimidos por Jesus. Nota-se também a infiltração de noções do tipo esotérico-espirituais na compreensão da unção e do Batismo, a ponto de afirmarem que já estavam "salvos" e não tinham mais pecado. Por isso, a Primeira Carta de João insiste em anunciar que Jesus é o portador da salvação, o Messias e o Filho de Deus enviado pelo Pai, e na implicação concreta à adesão a Cristo.

Do outro lado, temos aqueles que professam a fé em Cristo, que receberam a unção, tornaram-se conhecedores da verdade e permanecem fiéis por meio de uma vivência ética fundamentada na ação salvífica do Messias Jesus.

É notória uma cisão nos argumentos anteriores sobre o anticristo, e a inserção, como protagonistas, daqueles que receberam a "unção" (vv. 20-21), a fim de reforçar a fé e a consciência de que eles conhecem a verdade, justamente porque são ungidos. Mas como podemos interpretar o termo "unção", que ocorre somente nesta carta (vv. 20.27)? O autor diz que essa "unção" possibilita ao

---

[3] Cf. BEUTLER, *Le Lettere di Giovanni*, p. 73.
[4] BROWN, *Le Lettere di Giovanni*, p. 512-514.

fiel conhecer a verdade. Assim, alguns comentadores[5] a identificam com o Espírito Santo (cf. Is 61,1 – LXX) ou Espírito do Senhor, baseando-se nos textos do Evangelho Joanino (Jo 14,17.26; 16,13; cf. também 2Cor 1,21-22; 1Jo 2,27).

Há aqueles que interpretam a "unção" como sendo o anúncio cristão ou a fé recebida na iniciação ao cristianismo. De la Potterie, seguindo nessa direção, defende que é a Palavra de Deus transmitida desde o início e que, ao recebê-la pela fé (v. 24), ela permanece ativa nos corações pela ação do Espírito Santo,[6] e, desse modo, conhecem a verdade,[7] que é a Palavra de Cristo, denominado Santo (v. 20; cf. At 3,14; Ap 3,7; Jo 6,69; Mc 1,24). Isto porque, no Batismo, o fiel torna-se morada da Palavra de Deus,[8] como diz Jo 8,31: "Se vós permanecerdes/habitardes (μένω – *ménō*) na minha palavra, verdadeiramente, sereis meus discípulos" (cf. também Jo 15,7-8 e 14,16-17). Essa segunda interpretação é a mais viável, mas não podemos descartar a afinidade entre a unção, o Espírito, Cristo e a verdade, também presente em Jo 14,17; 16,13. O conteúdo abordado em 1Jo 2,20-23 está em sintonia com Jo 14,15-17, quando é prometido que seria enviado o Espírito para aqueles que amam Jesus e guardam seus mandamentos, e por caracterizar o Espírito como "da Verdade" (Jo 15,26; 16,12; 1Jo 5,7). Nesta perspectiva, encontramos novamente uma conexão com Ez 36,26-27 e com a tradição

---

[5] TILBORG, As Cartas de João, p. 220.
[6] Cf. DE LA POTTERIE, I. L'onction du chrétien par la foi. *Biblica*, Roma, v. 40, p. 44, 1959.
[7] Cf. DE LA POTTERIE, L'onction du chrétien par la foi, p. 12-69.
[8] BROWN, *Le Lettere di Giovanni*, p. 514.

da Nova Aliança descrita em Jr 31,31-34. Na profecia de Ezequiel, Deus dará seu Espírito a seu povo e, pela força desse Espírito, o capacitará a viver segundo seus mandamentos (1Jo 2,3-11). Outra relação entre Cristo, verdade e Espírito encontra-se em Jo 16,13, quando o autor, após declarar que os discípulos já reconheceram a verdade em Jesus, afirma que o Espírito será mandado para introduzi-los mais profundamente nessa verdade.[9]

Há também uma afinidade linguística entre "unção", Cristo e "anticristo", ou seja, os ungidos estão em comunhão com o Ungido, que é Jesus, enquanto os "anticristos" se afastaram da comunhão com a comunidade, com o Ungido e com o Pai. Os fiéis são conhecedores da verdade manifestada em Cristo Jesus (Jo 14,6) e, ao conhecerem a verdade, conhecem também o Pai (1Jo 2,20-23 e Jo 14,1-6). De fato, Jesus é a verdade por excelência por nos revelar o Pai e seu projeto para a humanidade.

O autor interpela os leitores (v. 24) a continuarem perseverantes ao que professaram ao acolherem a fé cristã, que se fundamenta em crer em Deus Pai, em Cristo, no Evangelho e no Espírito (1Jo 2,7.13.14.24), e terem presente a fidelidade ao mandamento do amor e a necessidade de se afastar do pecado (1Jo 3,11). Nesse contexto, há uma alusão aos gestos sacramentais do Batismo realizados nos ritos batismais nas comunidades dos primeiros séculos. Entre eles, o de ser ungido, com a função de libertar o batizado do mal. Nesse sentido, é interessante sublinhar que a "unção" também fazia parte do ritual de libertação de escravos e daqueles

---

[9] BEUTLER, *Evangelho segundo João*, p. 380.

devedores submetidos a credores por causa de dívidas, documentadas nos contratos de compra e venda[10] do Antigo Oriente.

Os argumentos enganosos dos opositores provavelmente têm como conteúdo a negação do messianismo de Jesus, sua filiação e, por conseguinte, que Deus é Pai (1Jo 2,22). De fato, a fé no Messias Jesus, o Filho de Deus, é condição necessária para estar em comunhão com Deus Pai. A expressão do v. 23 ("Todo aquele que nega o Filho não tem o Pai; quem confessa o Filho também tem o Pai") remete-nos às afirmativas de Jo 5,23 e 15,23. Os dissidentes são chamados de mentirosos (2,22.23) e de enganadores (2,26).

A expressão "ter o Pai" ou "possuir o Pai" (v. 23) é encontrada em 2Jo 9, e com outras pessoas divinas, como o Filho e o Espírito, em 1Jo 5,12 e 1Cor 7,40. Ela pode estar em sintonia com a teologia veterotestamentária, na qual o povo é denominado "propriedade de Deus" e Deus de "propriedade de Israel" (Lv 26,12; Eclo 45,22), sendo uma fórmula típica da Aliança e de pertença recíproca entre Deus e o povo. Em 1Jo, provavelmente esteja também relacionada ao Batismo, quando a pessoa, livre do pecado, passava a pertencer a Deus, constituindo o povo da Nova Aliança.

O autor, em 1Jo 2,24-27, novamente intercala argumentos relacionados aos "anticristos" e outros aos "ungidos", num paralelo antitético. Após explicitar as mentiras dos opositores (vv. 22-23), volta-se aos membros da

---

[10] MALUL, M. *Studies in Mesopotamian legal symbolism*. Neukirchen-Vluyn: Butzon & Bercker, 1988. p. 40-76. (Alter Orient und Altes Testament, 221).

comunidade (vv. 24-27), para exortá-los a permanecerem fiéis à pregação recebida "desde o princípio", expressão típica de 1Jo. Há uma exortação (v. 24a), seguida de duas motivações (v. 24b-25), e que termina sintetizando o que foi dito anteriormente num estilo exortativo (1,4; 2,1; 5,13).

A palavra "promessa" (*epangelía* – ἐπαγγελία) e o verbo correspondente em grego (*epangéllomai* – ἐπαγγέλλομαι) ocorrem somente em 1Jo (cf. 1,5 e 3,11) e têm como conteúdo a vida eterna (1Jo 2,15). Alguns biblistas defendem que a "vida eterna" está relacionada à salvação escatológica (1Jo 1,2; 3,15; 5,11.13.20), baseando-se no escrito do evangelista João (Jo 5,24; 6,47; 10,28). Outros afirmam que a vida eterna é dada na adesão ao Messias Jesus (Jo 3,14-16.36; 6,40), e, portanto, não é algo para o futuro. Essas duas visões não são excludentes; assim, podemos considerá-la como algo que se inicia com a vinda do Messias Jesus e tem plenitude no fim dos tempos. Essa "vida eterna" também pode ser compreendida como viver eternamente em comunhão com o Senhor, permanecer nele, e começa no momento da adesão a Jesus e no Batismo.

1Jo 2,27 recorda-os que a unção foi recebida no Batismo (vv. 20-21). O Espírito Santo e a mensagem cristã, anunciada ao fiel, conduz o batizado à comunhão com Cristo. A expressão "não tendes necessidade de que ninguém vos ensine" nos reporta novamente à Nova Aliança descrita em Jr 31,34. Essa exortação no v. 27 provavelmente tem a finalidade de recordar aos fiéis que eles possuem essa unção e, também, de destacar a necessidade de permanecerem em comunhão com Deus e com o Filho, diante do conflito pelo qual se desligaram da comunidade.

A conclusão dessa seção, v. 28, tem um tom exortativo: "E agora, filhinhos, permanecei nele, para que, quando ele se manifestar, tenhamos confiança e não sejamos envergonhados diante dele no momento de sua vinda". Ela fecha com o cenário escatológico anunciado no v. 18. Porém, enquanto no v. 18 era proclamada a vinda do anticristo, o v. 28 fecha com a certeza da manifestação definitiva de Cristo. O batizado é exortado a permanecer fiel, tendo como motivação as consequências positivas resultantes desta fidelidade: ter confiança e não ser envergonhado diante dele na Parúsia (cf. Mt 10,32-33; Jo 3,17-21).

O termo "confiança" em grego também pode ser traduzido por "coragem" ou "parrésia" (παρρησία – *parrēsía*). Proveniente do campo semântico jurídico ou político, significa a liberdade de falar no tribunal ou numa assembleia; mas depois passou para o campo moral e ético, com o sentido de falar com sinceridade, francamente, de forma desvelada. No NT, Jesus fala abertamente, revelando-se ao mundo (Jo 16,25; 18,20). Na LXX, este termo é utilizado para Deus, que se levanta em defesa do justo (Sl 11,6), e para a sabedoria, que fala com liberdade (Pr 1,20). Essa palavra é dirigida ao povo, para expressar a ousadia em levantar a cabeça, porque foi libertado da escravidão (Lv 26,13), e o justo que pode afrontar com confiança seus acusadores ou estar com confiança no momento do juízo de Deus (Jó 22,26; Sb 5,1). Podemos entender a expressão neste último sentido, pois, no contexto escatológico, o fiel pode ter essa liberdade e confiança de estar diante de Deus como um justo, sem temor (1Jo 4,17-18), nem vergonha, como aquele que permaneceu nele e foi fiel aos seus ensinamentos.

O termo "parúsia" (παρουσία – *parousía*) designava a aparição de uma divindade, a vinda de um soberano ou de um imperador numa determinada cidade em ocasiões importantes. No v. 28, esta palavra é utilizada para denominar a vinda de Jesus Cristo para o juízo no fim dos tempos.

Um tema importante desta seção, além do cristológico, que veremos a seguir, é a comunhão entre os membros tendo como base a fé em Cristo. Assim, o aprofundamento da fé em Cristo é proporcional à pertença na comunidade cristã. Para tal intento, é necessária a fidelidade em mantê-los unidos (2,24), pois o Batismo e a unção não são atos mágicos e o batizado não é imune à tentação de abandonar essa comunhão, conforme os "membros" que deixaram a comunidade (1Jo 2,18-19).

A exortação para permanecer na unção recebida por Deus expressa a comunhão entre Deus e o batizado em três diferentes contextos: a comunhão constatada (v. 27); a comunhão como promessa e marcada pela condição em permanecer no Pai e no Filho (2,24) e a comunhão esperada e definitiva na Parúsia (2,24.28).

Como mencionamos no início do estudo desta perícope, a finalidade desse texto de 1Jo é transmitir uma mensagem profundamente cristológica, que tem três argumentos centrais:[11]

- O primeiro é teológico-cristológico, ou seja, o autor afirma que, sem o Filho, não é possível conhecer nem estar em comunhão com o Pai (2,22.23).

---

[11] GIURISATO, *Struttura e teologia della prima Lettera di Giovanni*, p. 420-421.

- O segundo parte do princípio de que, sem o Filho, não há vida eterna, o aspecto antropológico (2,25).
- O terceiro, e último, está relacionado com os anteriores, mas enfoca o aspecto escatológico, a saber, que a presença dos anticristos que negam a identidade de Jesus é o sinal de que estamos na "última hora" (2,18), porém é possível crer na Parúsia, na vinda de Jesus no final dos tempos. Quem permanece fiel pode ser apresentado como um justo diante de Deus, no momento do julgamento (2,28). Ao finalizar com essa certeza, o autor introduz o tema da "justiça" que será analisada em 1Jo 2,29–4,6.

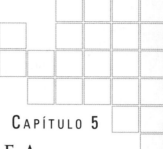

Capítulo 5

# A PRÁTICA DA JUSTIÇA E A FILIAÇÃO DIVINA: 1Jo 2,29–4,6

Os temas da justiça e da filiação divina abrem a terceira parte de 1Jo. Essas temáticas estão relacionadas com a comunhão entre o cristão e Deus e a dimensão ética da vivência cristã. A prática da justiça supõe uma necessária ruptura com o pecado, como veremos na primeira parte deste terceiro bloco.

## 5.1 RUPTURA COM O PECADO E A PRÁTICA DA JUSTIÇA: 1Jo 2,29–3,10

Essa subdivisão é justificada pela unidade temática e por retomar os argumentos apresentados na I Parte, em 1Jo 1,5-10. Nesta seção a temática é a revelação de Deus, o ser gerado por ele e o agir de forma justa. Essas expressões estão relacionadas com o discurso após a adesão a Jesus Cristo, que eram dirigidas às pessoas que viviam nesse processo de iniciação à vida cristã, com a finalidade de refletir sobre o seguimento de Jesus, o significado do messianismo e o fundamento do agir cristão. Para o autor, aquele que cumpre a justiça e não peca provém de Deus (1Jo 3,1.6a.9) e caminha em direção a ele (v. 2). Mas aquele que peca faz proliferar a iniquidade, não conhece a Deus (v. 6b) e comprova que é oriundo do Diabo (vv. 8.10). O texto diz o seguinte:

²  ²⁹Se sabeis que ele é justo, reconhecei também que todo aquele que pratica a justiça foi gerado dele.
³ ¹Vede quão grande amor nos tem dado o Pai: que fôssemos chamados de filhos de Deus, e nós o somos. Por isso, o mundo não nos conhece, porque não o conheceu. ²Amados, desde agora somos filhos de Deus, mas o que seremos não é ainda manifesto. Sabemos que quando será manifestado, seremos semelhantes a ele, porque veremos como ele é. ³E todo aquele que tem nele essa esperança purifica-se a si mesmo, como também ele é puro. ⁴Todo aquele que pratica o pecado está praticando a iniquidade, pois o pecado é a iniquidade. ⁵E sabeis que ele se manifestou para tirar nossos pecados, e nele não há pecado. ⁶Todo aquele que permanece nele não peca. Todo aquele que peca não o viu, nem o conheceu. ⁷Filhinhos, que ninguém vos desvie (vos engane). Quem pratica a justiça é justo, como ele é justo. ⁸Quem pratica o pecado é do Diabo, porque desde o princípio o Diabo peca. Para isto o Filho de Deus se manifestou: para destruir as obras do Diabo. ⁹Todo aquele que foi gerado de Deus não comete pecado, porque sua semente permanece nele, e não pode pecar, porque de Deus foi gerado. ¹⁰Nisto são manifestos os filhos de Deus e os filhos do Diabo: todo aquele que não pratica a justiça não é de Deus, nem aquele que não ama seu irmão.

Esses versículos podem ser estruturados em duas partes: o ser cristão, a filiação divina (2,29–3,3) e o agir dos filhos de Deus em contraposição aos filhos do Diabo (3,4-10). No v. 29, o autor exorta a comunhão do cristão com Deus por meio de categorias éticas, pois somente é possível permanecer em Deus quem vive o amor fraterno e pratica a justiça. Essas exigências é que fazem com que o batizado se torne "filho de Deus".

A frase do v. 29 ressalta a proclamação da justiça de Deus, pois ele é o Justo por excelência, e quem pratica a justiça, portanto, só pode ser filho de Deus.

A exortação a ser justo como Deus é justo nos remete à aliança veterotestamentária (Lv 19,2; 1Pd 1,16). O termo *dikaiosýnē* (δικαιοσύνη), traduzido por "justiça", é utilizado várias vezes na Septuaginta para traduzir o substantivo hebraico צְדָקָה (*ṣəḏāqāh* – Dt 9,4; Sl 50,16; 71,2; Is 46,12; 48,18) e expressa o relacionamento entre Deus e seu povo, mas também entre as pessoas, e muitas vezes é sinônimo de "boa ação" (o que chamamos de obras de misericórdia, como dar esmolas, visitar um doente, estar atento às necessidades do outro – cf. Mt 25,31-46). Além desse elemento relacional da cultura judaica, há também traços da cultura greco-romana e das relações societárias ou jurídicas, seja ética ou forense.

O termo "justiça" no AT é um conceito relacional e também nos reporta aos atos salvíficos de Deus como expressão de sua fidelidade; por isso geralmente está vinculado à "redenção", "libertação", "fidelidade", "misericórdia", "bondade" (cf. Sl 39,10; Is 45,21; 46,13), e com a benevolência de Deus,[1] pois a justiça é expressão do seu amor (Ex 34,6). Desse modo, ser justo e ser gerado por Deus significa ter uma adequada relação com Deus e com o outro (Dt 24,13; 1Rs 3,6; Sl 17,15). Provavelmente, por isso, a justiça está vinculada à ruptura com o pecado e à necessidade de purificação (1Jo 3,3).

Em 1Jo 3,1, o autor aprofunda o que foi apresentado em 2,29, ao afirmar que o membro da comunidade é gerado por Deus. O remetente expressa sua admiração

---

[1] A benevolência está ligada ao termo חֶסֶד (*ḥesed*), presente no Sl 36,6; 40,11; 88,12; 89,2-3.25.34.50; 92,3; 98,2-3; Os 2,21-22.

81

pelo grande amor de Deus Pai e por serem filhos de Deus por meio do Batismo (Jo 1,12-13), dado que os membros da comunidade participam da filiação divina, em virtude da fé em Jesus Cristo, o Filho de Deus (Jo 3,5-8). Há no AT referências de uma filiação divina ou da geração divina do rei (Sl 2,7; 110,3) ou de todo o povo.[2] Nos textos judaicos, a filiação é algo esperado para o fim dos tempos. Percebe-se, portanto, que o autor fala ao mesmo tempo de uma escatologia realizada e de uma escatologia futura (cf. Mt 5,9).[3] A expressão "nascer de Deus" é tipicamente joanina. Para o evangelista, o "nascer de Deus" está intimamente ligado com o "nascer do alto" (Jo 3,6.8) e, após o Batismo, o fiel torna-se da família de Deus (Ex 6,4-8). Apesar da constatação da grandeza de sermos filhos de Deus, há também a rejeição, o não ser reconhecido, pois, da mesma forma que rejeitaram o Mestre, também rejeitam e rejeitarão seus seguidores.

Em 1Jo 3,3, o problema é definir a quem o autor se refere por meio do pronome "ele", ou seja, seria Jesus ou Deus Pai. Ainda que não haja um consenso, a maioria tende a aceitar que seria Cristo, o Filho de Deus. Observa-se que essa ambiguidade na definição das várias ocorrências do pronome "ele", nessa perícope, nos indica uma intenção do autor e transparece que a unidade entre Jesus e o Pai é o objeto fundamental do anúncio cristológico em 1Jo. Desse modo, os argumentos expressos nos versículos desta seção referem-se tanto a Deus Pai como ao Filho.

---

[2] Cf. Dt 32,18; Is 1,2; Ex 4,22-23; Os 2,1; 11,1.
[3] BEUTLER, *Le Lettere di Giovanni*, p. 80-81.

A frase do v. 2c, "sabemos que quando será manifestado", deve ser interpretada como a epifania da identidade cristã, quando o batizado estiver diante da manifestação do Filho, na Parúsia. Assim, nossa identidade de filhos será manifestada somente no final dos tempos, quando atingiremos a perfeição, ou seja, a meta final, por estarmos diante do Filho e do Pai. Provavelmente é uma crítica ao pensamento dos opositores.

O "ver como ele é" e o santificar-se nos remetem ao culto,[4] mas também podem ser interpretados no sentido ético.

Os vv. 2-3, provavelmente, estão baseados nos escritos da tradição judaica. Na tradição rabínica temos a seguinte frase: "Neste mundo os israelitas serão devotos do Santo, mas no tempo futuro se tornará semelhante a ele".[5] O *Midrash* sobre o Sl 149 afirma: "Quando os filhos de Israel virem a Deus no mundo vindouro, esses serão (tornar-se-ão) santos".[6]

A necessidade de purificar-se para permanecer na proximidade de Deus (v. 3) e de Jesus, dado que eles são santos e puros, perpassa todo o AT, sobretudo, as tradições deuteronomista e sacerdotal.

Novamente temos dificuldade em definir quem é "ele" no v. 3, mas, como já afirmamos, podemos interpretar como sendo tanto o Pai como o Filho, apesar de não encontrar nenhum texto no NT que afirme que "Jesus é puro". O conceito de "puro" nos textos bíblico se contrapõe à concepção de "morte"; por conseguinte,

---

[4] Cf. Sl 17,15; 24,3-6; Ap 22,3; Mt 5,8; Hb 12,14; Ex 19,10; Nm 8,21; 19,12; Jo 11,55.

[5] Pesiqta Rabbati 11,7 (cf. BROWN, *Le Lettere di Giovanni*, p. 585).

[6] Essas frases são citadas em BROWN, *Le Lettere di Giovanni*, p. 585.

ser puro é ser alguém ligado à vida. Assim, afirmar que Jesus é puro é o mesmo que dizer que ele é a vida.

Aquele que se purifica torna-se semelhante a Deus que é o Puro, o Santo, mas, quem não se purifica, permanece ligado à iniquidade (Pr 21,8), ou seja, em oposição radical ao Pai e, consequentemente, a Cristo (v. 4), tendo como efeito uma irreparável consequência escatológica.

O termo grego *anomía* (ἀνομία) pode ser traduzido por "iniquidade", mas também por "sem lei", "ilegal", "contrário à lei". No NT, ocorre em contextos apocalípticos, em discursos escatológicos,[7] na descrição de nova existência em Cristo em oposição a uma atitude anterior (Tt 2,14; Rm 6,19), ou para apresentar a Nova Aliança (Hb 10,17, novamente relacionado com Jr 31,34).

A iniquidade é utilizada em duas acepções: na primeira, no sentido de praticar a ação iníqua e, na segunda, expressa o poder do mal, ou seja, é a oposição ao Reinado de Deus (cf. vv. 8-10). O pecado não é uma ação iníqua simplesmente ou os pecados que uma pessoa pode cometer por sua fragilidade, mas é a iniquidade em si e exprime o comportamento contrário a Deus. Ao falar de iniquidade, o autor afirma que o pecado torna-se a condição daquele que vive fora do amor, porque é indiferente ao seu irmão, por não amá-lo. Há, assim, uma afinidade entre a iniquidade e o Diabo.

A expressão "tirar nossos pecados" (v. 5) reporta-nos a Jo 1,29, quando João Batista declara que Jesus é o "Cordeiro de Deus que tira o pecado do mundo", que é uma releitura da Páscoa dos judeus e de Is 53,4.11, e citado também em 1Pd 2,24. A diferença é que, no v. 4,

---

[7] Cf. Mt 7,23; 13,41; 24,12; 2Ts 2,3-8; 2Cor 6,14-15.

o termo pecado está no plural, enquanto em Jo está no singular. A interpretação possível para essa diferença é que, em Jo, Jesus tira o pecado fundamental, que é a rejeição de crer na luz, e, em 1Jo, ele vem se opor a todos os tipos de males que afastam as pessoas da luz.

A constatação de que em Cristo não há pecado (1Jo 3,5) também está presente em Jo 8,46; 18,33 e 19,4.6, e é próximo a Tt 2,14. Em nosso texto não é somente uma informação sobre Jesus, mas serve para confirmar que aquele que permanece em Cristo também é chamado a seguir os seus passos, e, portanto, o cristão não tem nenhuma afinidade com o pecado (v. 6), pois está enraizado em Cristo. Nesse caso, diferentemente de 1Jo 1,10 e 2,1, refere-se ao cristão batizado, aquele que crê em Cristo e que permanece nele, pois, se ser batizado significa viver em comunhão com Cristo, o fiel não pode estar no pecado, que é justamente a ruptura da comunhão, dessa relação com Cristo.

O "não ver" e o "não conhecer", no v. 6, estão associados ao pecar. De fato, o autor, nos capítulos anteriores, defendia que aquele que experimentou, aderiu, crê em Jesus Cristo e em Deus e pratica o novo mandamento, é aquele que conhece a Deus e a Jesus. Consequentemente, aquele que está em pecado não pode conhecer a Deus nem a Cristo, porque os rejeita e não faz a experiência do messianismo de Jesus, do amor do Pai e de sua ação salvífica.

O verbo "ver" provavelmente assume o sentido de "crer" ou aceitar a revelação de Deus por meio de Cristo, semelhante ao Evangelho segundo João. Significa crer em Jesus, que se manifesta historicamente (Jo 1,14) como presença escatológica entre nós (Jo 7,16-17; 14,9), e agir conforme aquilo que professa, ou seja, é o cristão chamado a ser justo, a ter uma adequada relação com Deus e com o próximo. Desse modo, aquele que crê em Jesus Cristo, o Filho de Deus, é chamado a pautar sua vida conforme a vontade de Deus.

Em 1Jo 3,7 ocorre o verbo "desviar-se" ou "deixar-se enganar" (πλανάω – *planáō*), que é raro na literatura joanina. Ele ocorre duas vezes em Jo para acusar Jesus por ter enganado as pessoas (Jo 7,12.47), e três vezes nessa carta, referindo-se às pessoas que enganaram outras (1Jo 1,8; 2,26 e 3,7). Este verbo normalmente é usado em oposição à verdade no AT, para criticar os falsos profetas que desviam o povo do Deus verdadeiro e o conduzem pelo caminho do pecado (Dt 13,6; Sb 5,6). Em 1Jo 3,6, a exortação é dirigida aos membros da comunidade ("filhinhos"), que são alertados a não se deixarem enganar ou desviar do caminho justo. Há novamente a relação entre o verbo "desviar-se" em oposição "ao caminho do verdadeiro Deus-Justo" (3,4.6.8).

As únicas proclamações de Deus como justo (v. 7) são constatadas na literatura considerada joanina (Jo 17,25-2; 1Jo 1,9; 2,29; 3,7; Ap 16,5), apesar das referências sobre a "justiça divina" em outros textos do NT (Rm 1,17; 3,5.21.26; 2Cor 5,21; 2Pd 1,1).

Nesta seção são desenvolvidos os critérios de distinção entre os verdadeiros cristãos e os falsos. Semelhante a 1Jo 3,3.6, o cristão santificado por meio do Batismo é chamado a estar em comunhão com Cristo e a expressar na prática o seu ser puro e justo.

É importante sublinhar que o autor não estabelece uma antítese entre quem "pratica a justiça" e o "injusto", mas sim entre quem "pratica a justiça" e aquele que "pratica o pecado". O termo "justiça", nesse contexto, provavelmente significa ter uma adequada relação com Deus, com o outro e consigo mesmo, enquanto "pecado" é um termo proveniente do âmbito religioso e significa uma ruptura nas relações, ou seja, a perversão nas relações com Deus (idolatria), com o outro (injustiça) e consigo mesmo.

1Jo 3,7b-9 concentra-se na origem daqueles que realizam o que é justo (v. 7b) e aqueles que estão ligados à iniquidade, ao pecado (v. 8). Nos vv. 7b-8, há uma relação entre praticar a justiça por ter origem em Deus, ao referir-se ao Justo por excelência, e o princípio da justiça; e uma relação entre cometer pecado e pertencer ao Diabo. Desse modo, o pecador é aquele que comete a iniquidade (3,4), não conhece a Deus nem o viu (3,6), e assim é "filho do Diabo" (3.8.10; cf. Jo 8,31; 6,70 e 13,2).

"Diabo" (διάβολος – *diábolos*) é a tradução da palavra hebraica *śāṭān* (שָׂטָן), também traduzida por "satanás" ou "satã". Nos textos bíblicos, antes do contato com a cultura babilônica e persa, o mal era atribuído ao próprio Deus (cf. 2Sm 24,1). Após o exílio da Babilônia, encontramos várias palavras que entraram no mundo cultural do judaísmo para designar o mal, entre elas, Satã. No Evangelho segundo João, além de Satanás, encontramos as expressões "Príncipe deste mundo", "Pai da mentira". Esses títulos não são sinônimos, pois descrevem função específica e assumem diferentes significados conforme o contexto no qual ocorrem.

O termo hebraico *śāṭān* significa "inimigo, adversário, caluniador, sedutor" e é proveniente do verbo "obstruir". Essa palavra sofreu várias evoluções semânticas no decorrer da história. Em alguns textos refere-se aos inimigos militares ou guerreiros de Israel. Em Jó, não é uma figura perversa, mas uma espécie de promotor de justiça, que põe à prova a fidelidade desta personagem, dado que o livro de Jó tem a finalidade de refletir sobre o mistério do mal.

O Diabo, por ser a tradução grega do termo "satã", terá o mesmo significado do termo hebraico, porém em grego significa "jogar algo contra determinada pessoa ou objeto (*ballō* com o prefixo *dia*). Diferentemente dos termos "demônio" e "espírito impuro" (relacionados a doenças), a palavra "diabo" ou "satanás", no NT, designa toda ação que se opõe ao projeto de Deus, que é contrária ao seu Reino.[8]

Apesar de o autor, no v. 8, estabelecer uma junção entre a expressão "desde o princípio" e "Diabo", não se deve interpretar como um dualismo cosmológico. Provavelmente, deseja mostrar que o Reino e o antirreino caminham juntos. Desse modo, aquele que age conforme a vontade de Deus e pratica a justiça se assemelha a Cristo. Enquanto quem peca é semelhante a Satanás, pois se opõe à vontade de Deus. Por isso, Jesus Cristo, o Filho, se manifesta para revelar, por meio de seu agir, o projeto do Pai e, como Messias, tem a missão de eliminar o mal.

Na última antítese, no v. 9, há uma contraposição entre o cristão e o pecado, em sintonia com a antítese anterior (v. 8) e com a descrição dos "filhos do Diabo" no v. 10. O v. 9 traz algumas dificuldades de interpretação. A primeira problemática é determinar o significado do

---

[8] Para aprofundar, veja o artigo de RUIZ DE GOPEGUI, J. A. As figuras bíblicas do diabo e dos demônios em face da cultura moderna. *Perspectiva Teológica*, Belo Horizonte, v. 29, n. 79, p. 327-352, set./dez. 1997.

termo "semente" na afirmação "a semente permanece nele". Este termo foi identificado com a "Palavra de Deus", o "Evangelho", a "verdade", "Cristo" e o "Espírito Santo".[9] Outros interpretam como sendo um novo princípio vital, como uma vida nova em Cristo, após o Batismo. Esta interpretação parece ser a mais viável.[10]

Outro problema é compreender a declaração de que aquele que foi gerado por Deus é incapaz de pecar, por ser contraditória com o que foi dito em 1Jo 1,6–2,2, mas também em 3,4; 4,10; 5,16. Alguns autores tentam resolver essa tensão atribuindo um caráter escatológico para o dom de não pecar.[11] Essa compreensão pode ser viável, dado que o "dom de não pecar" está presente nos oráculos exílico e pós-exílico e assume um caráter escatológico, por ser uma promessa que será realizada nos tempos messiânicos, num contexto de Nova Aliança ou de um pacto renovado entre Deus e Israel (cf. Jr 31,31-34; Ez 36,25-27; Is 60,21; Dn 7,18.27; 8,24). Porém, com Jesus inicia-se o tempo messiânico, assim já recebemos esse dom, mas o viveremos plenamente na Parúsia, quando for possível a comunhão com Deus e com os irmãos (Gl 4–5; Rm 8). A ruptura com o pecado e a prática da justiça expressam-se no amor dirigido ao irmão e à irmã necessitados na comunidade (v. 10) e, agindo desse modo, se manifesta o ser filho e filha de Deus. Nessa mesma linha, há os comentadores que estabelecem uma ligação entre o "não pecar" e o dom da Lei ou da Sabedoria[12]

---

[9] PAGLIA, *Amatevi gli uni gli altri*, p. 71.
[10] BEUTLER, *Le Lettere di Giovanni*, p. 86.
[11] BEUTLER, *Le Lettere di Giovanni*, p. 87, e SCHNACKENBURG, *Cartas de San Juan*, p. 219-220.
[12] DE LA POTTERIE, *L'onction du chrétien par la foi*, p. 12-69.

(cf. Sl 37,30-31; 119,11) e que está em sintonia com a literatura apocalíptica extrabíblica[13] e do NT.[14] Por outro lado é necessário ter presente o contexto literário da frase do v. 9, que está ligado aos versículos anteriores. As frases dos vv. 7b-8 têm como sujeito o ser humano, que por meio de sua escolha e de seu livre-arbítrio pode optar pela justiça ou pelo pecado. No v. 9, o ser humano é passivo, dado que a ação de gerar é de Deus, do qual não pode descender o pecado. Assim, podemos dizer que do ponto de vista humano o cristão poderá eventualmente pecar, por deixar-se seduzir pelas facilidades do caminho da injustiça, optando erroneamente. Mas, na perspectiva divina, o pecado é excluído, porque em Deus não pode existir o pecado, pois onde há pecado, não pode haver a presença de Deus. Dessa forma, quem descende de Deus e permanece unido a ele não pode ter em si a semente do pecado e não pode pecar.

O v. 10 prepara para a nova seção em 1Jo 3,11-24, introduzindo o tema do amor fraterno, e nos remete àquilo que foi dito em 2,3-11. Esse versículo sintetiza o caminho temático percorrido nessa perícope, ao afirmar que as obras realizadas são o critério para discernir quem é filho de Deus ou do Diabo.

O agir justo do ser humano, que pode ser sintetizado no amor fraterno, é baseado na experiência do dom de Deus. Este dom é recebido por meio da nova existência em Cristo, mas também é um sinal da verdadeira filiação divina.

Nessa perícope, o cristão é exortado a comportar-se como filho de Deus, seguindo o exemplo de Jesus

---

[13] Cf. 4Esd 9,31; Testamento de Levi 5,12; 6,8.
[14] Cf. Tg 1,21; 1Pd 1,22; 2Pd 1,10 e Jd 1,24.

que viveu sem pecar (numa justa relação com o outro), apesar de ser tentado, porque estava sempre em íntima união com o Pai.

Diante de tudo isso, podemos nos perguntar: o que significa e quais são as consequências de ser gerado por Deus?

Ser gerado por meio do Batismo significa acreditar que Deus Pai se manifesta nas palavras e gestos de Jesus Cristo. Com isso, o nosso Deus não é alguém distante, ausente, mas se revela na existência humana e na fragilidade de Jesus. A consequência explícita nessa perícope é a de trilhar o caminho da justiça.

Diante dessas duas respostas, percebemos que ser gerado por Deus é um modo de ser, de viver, de dialogar, de agir na sociedade, na família, na comunidade, tendo como critério as decisões, o modo de agir de Cristo. Isso é um dom, uma graça recebida de Deus, mas é também um compromisso, que exige uma constante conversão e o empenho em renovar sempre o desejo de responder ao projeto que Deus tem para nós. Portanto, ser batizado é entregar-se totalmente à vivência do amor, no total acolhimento do outro, na misericórdia, na solidariedade. Isso reproduz em nós as atitudes de Deus, que são amor, justiça, vida, e corresponde ao desejo mais profundo de todo ser humano, de refletir em sua vida a imagem do seu Criador e Senhor (cf. Gn 1,26).

## 5.2 OBSERVÂNCIA DOS MANDAMENTOS: O AMOR FRATERNO: 1Jo 3,11-24

Após argumentar sobre a exigência da ruptura com o pecado, o autor retoma a temática do "amor fraterno", introduzido no v. 10. O v. 11 serve como uma dobradiça entre a primeira parte, na qual predominavam temas relacionados ao querigma (anunciar, mensagem, escrever, ensinar, promessa, palavra, ouvir) e ao pecado (injustiça, maldade, mentira, purificar, trevas/luz; errar, enganar),[15] e a segunda, a qual gira em torno da temática do amor mútuo. Esses temas têm como finalidade apresentar a comunhão entre Deus Pai e seus filhos.

Para o autor, somente por meio da observância do mandamento é que os membros da comunidade testemunham que são filhos de Deus. Os mandamentos, no v. 23, são: crer em Jesus como Messias e Filho de Deus e o amor para com o próximo. As obras que sinalizam que a pessoa permanece em comunhão com Deus, são o amor (1Jo 2,10; 3,14.18-19), a justiça (2,29; 3,7) e a pureza (3,3). Essas obras dos "filhos de Deus" são identificadas com as de Abel, pois amaram o irmão, optando pela vida e não pela morte (v. 14). Por isso, o amor de Deus permanece neles (v. 17), eles podem confiar em Deus (v. 21) e, se pedirem algo em oração, serão ouvidos (v. 22).

Os vv. 11 e 23 contêm a mesma estrutura, ou seja, são anunciados a mensagem e o mandamento. Mas, enquanto o v. 11 tem como exemplo a história de Caim e Abel (v. 12), o v. 23 é seguido de uma promessa que será dada àqueles que guardam o mandamento (v. 24).

Os vv. 12-22 contêm três subseções. A primeira, nos vv. 12-15, é centrada sobre o ódio que leva à morte. A segunda apresenta o amor como critério para a vida doada por Deus e traz as características do amor. Essas características são: dar a vida pelo irmão e estar aberto às suas necessidades (vv. 16-17). O v. 18 serve de

---

[15] TILBORG, As Cartas de João, p. 233.

transição entre a segunda e a terceira subseção. A última parte (vv. 19-22) exorta a autenticidade do amor, pois é por meio dele que se expressa a comunhão com Deus. Vejamos o que diz o autor:

> ¹¹Porque este é o anúncio que ouvistes desde o princípio: que nos amemos uns aos outros, ¹²não como Caim, que era do Maligno, e assassinou seu irmão. E por que o assassinou? Porque suas obras eram más, enquanto as de seu irmão eram justas. ¹³Não vos admireis, irmãos, se o mundo vos odeia. ¹⁴Nós sabemos que passamos da morte para a vida, porque amamos os irmãos. Quem não ama permanece na morte. ¹⁵Todo aquele que odeia seu irmão é homicida, e sabeis que nenhum homicida tem a vida eterna permanecendo nele. ¹⁶Nisto conhecemos o amor: ele deu sua vida por nós, e também nós devemos dar nossa vida pelos irmãos. ¹⁷Mas, se alguém que tem os recursos necessários à sua subsistência neste mundo vê seu irmão passando necessidade e lhe fecha suas entranhas, como pode o amor de Deus permanecer nele? ¹⁸Filhinhos, não amemos de palavra, nem de língua, mas em obra e verdade.
> ¹⁹Nisso reconhecemos que somos da verdade e, diante dele, confrontaremos nosso coração. ²⁰Se o coração nos acusar, Deus é maior que nosso coração e conhece todas as coisas. ²¹Amados, se o coração não nos acusar, temos confiança junto de Deus. ²²E, se pedirmos [alguma coisa], nós a recebemos dele, porque guardamos seus mandamentos e fazemos o que é agradável. ²³E este é seu mandamento: que creiamos no nome de seu Filho, Jesus Cristo, e nos amemos uns aos outros, conforme o mandamento que nos deu. ²⁴E aqueles que guardam seus mandamentos permanecem nele, e ele neles. Nisto sabemos que ele permanece em nós: pelo Espírito que ele nos deu.

Até então, não estava explícito em que consistia essa ruptura com o mal e praticar a justiça, como será evidenciado nesta seção, ao argumentar-se sobre o amor ao próximo.

A expressão "desde o princípio" e o termo "anúncio", no v. 11, novamente nos remetem à primeira seção e aos versículos anteriores, visto que ocorrem em 1Jo 1,5; 2,7 e 2,24. Nesse versículo, o autor declara que o fundamento do mandamento novo é Jesus Cristo, pois ele é a revelação do amor gratuito do Pai.[16] O mandamento de amar uns aos outros é a síntese de todos os mandamentos, de toda a lei, como diz Paulo (Rm 13,8; Gl 5,14; cf. Lv 19,18).

Há um contraste entre Caim e Cristo (1Jo 3,12-22), pois, enquanto o primeiro tira a vida do irmão por ódio (v. 12), o segundo doa sua vida por amor aos irmãos (vv. 16-17). Dessa forma, o leitor é convidado a contemplar duas realidades: a) a do ódio que é marcado pela morte, pelo fratricídio (vv. 14-15) e b) a do amor marcado pela vida, pela fraternidade e pela compaixão (vv. 16.19-22). Nos vv. 23-24, nos é novamente desvelado o conteúdo do mandamento novo e a necessidade de permanecer em comunhão com Cristo e com os demais. Essa comunhão é mantida por meio do Espírito Santo.

A antítese do mandamento novo é Caim, que, por inveja e raiva, mata seu irmão Abel (Gn 4,1-16). Caim é visto como aquele que pertence ao maligno, por desobedecer a Deus, por alimentar o ódio em seu coração, por perseguir a pessoa odiada e por matar seu irmão;[17] atitudes que expressam sua familiaridade com o

---

[16] Cf. Jo 13,34-35; 15,12-17; 1Jo 2,7; 3,11.23; 4,7.11.
[17] Cf. Gn 4,7; Jo 15,20 e Mt 5,10-12.

mal. De fato, Caim poderia ter optado pelo bem e por controlar sua inveja e ódio, como exortou Deus ao perceber a reação de Caim ao preferir a oferenda de Abel, mas infelizmente ele escolhe ser conduzido pelo ódio e matar seu irmão (cf. Sl 36,2-5). Alguns comentadores associam o v. 12 com Jo 8,44, ao afirmar que "o Diabo é um homicida desde o princípio", mas nesse contexto tal associação não parece pertinente.

O verbo σφάζω (*spházō*) pode ser traduzido por "matar", "assassinar", mas também é um termo que pertence ao âmbito cultual, por isso é traduzido por "sacrificar". Este verbo no sentido de "assassinar" (v. 15) ocorre também no Apocalipse, sendo aplicado a Jesus (5,6.9.12), aos mártires (18,24), aos massacrados na luta "escatológica" (6,4.9) e à fera (13,3). Ao utilizar esse verbo, o autor estabelece um contraste entre a vida sacrificada de Abel, no sentido cultual, identificando-o com a vida doada de Jesus Cristo (Hb 12,24), que se entrega por amor (1Jo 3,16), e a brutalidade do ódio que leva Caim a matar o irmão. É importante ressaltar que, aquele que não cumpre o mandamento do amor para com o outro, também é um homicida, e não somente aquele que mata fisicamente. Assim, o efeito do ódio (não amor) é a morte, não somente do outro, segundo a definição de homicida, mas também a própria, pois permanecerá na morte. Somente o amor vence a morte e conduz à vida eterna.

A imagem de Caim como aquele que realiza obras más e de Abel como o justo ocorre também em Jd 11, referindo-se a Caim, e em Hb 11,4 e Mt 23,25, ao mencionar Abel.

Por outro lado, o amor entre os irmãos expressa a vivência cristã (1Jo 3,14) e o pertencer ao Deus da Vida.

A expressão "ser odiado pelo mundo", no v. 13, confirma que a comunidade pertence a Deus e são seguidores de Jesus Cristo, visto que Jesus foi odiado (Jo 7,7) e anunciou que também isso iria acontecer com seus discípulos (Jo 15,18-19; 17,14; Mc 13,13; Mt 10,22; Lc 6,22). O termo "mundo" refere-se àqueles que estão em oposição a Cristo, como ocorre em Jo.

Já a expressão "passar da morte para a vida" (v. 14) nos remete à adesão a Jesus, à mudança de mentalidade e ao Batismo, quando cada cristão participa do mistério pascal de Cristo.

As referências ao homicida e ao ódio, no v. 15, nos remetem à figura de Caim (v. 12). O homicídio é um dos pecados que não têm perdão no judaísmo. Assim, torna-se compreensiva a afirmação de que "nenhum homicida tem a vida eterna permanecendo nele". Mas, no texto de 1Jo, o homicida não é somente aquele que mata fisicamente seu irmão, como foi mencionado, mas também quem não ama seu irmão e é insensível a suas necessidades (vv. 16-17), matando-o em seu coração. Dessa forma, amplia-se o conceito de "homicida" e enfatiza-se a exigência de amar o irmão. Por outro lado, podemos dizer que a promessa da vida eterna ligada à entrega de Cristo não pode permanecer em alguém que odeia seu irmão e promove a morte em todas as dimensões (Jo 3,15).[18]

Antes de determinar quais são as características do amor, sua medida, sua finalidade e suas consequências (vv. 16-17), ressalta-se a proveniência teológica e cristológica do ato de amar. Isto é, o amor é oriundo da

---

[18] BEUTLER, *Le Lettere di Giovanni*, p. 93.

gratuidade e da benevolência de Deus e se expressa em Jesus Cristo, que se entrega por fidelidade ao projeto de amor de Deus (v. 16; Jo 13,4.14-15; 15,13). Assim, não é algo que pode ser deduzido ou determinado pelo ser humano, pois se torna visível em Jesus, que entrega sua vida, nos concedendo a salvação (v. 16; Jo 6,51; 10,15; 11,50-52; 15,13; 17,19). Ao experimentar este amor, somos interpelados a amar nosso irmão, sobretudo, os mais necessitados (v. 17).

Um amor expresso desta forma é impossível permanecer num coração insensível, sem compaixão, que não sai de si para ir ao encontro do irmão necessitado (v. 17; Dt 15,7-9). De fato, não é possível amar Cristo, se não amamos o outro, se não intuímos a dor do outro, pois o amor não é um discurso, mas deve ser expresso em obras concretas (v. 18; Tg 2,15-16). É expressiva a imagem utilizada pelo autor de "fechar as entranhas" para representar a insensibilidade, em contraposição com o "amor entranhado", misericordioso, pleno de compaixão (Fl 1,8; Lc 1,78; 7,11-16; 10,25-36). Essa exortação do autor nos faz recordar o pronunciamento do Papa Francisco em Lampedusa, diante de tantos africanos afogados ao migrarem para a Europa. Sua mensagem pode ser universalizada, diante do sofrimento e da morte de tantos pobres ou de pessoas em condições vulneráveis:

> Quem chorou pelas mortes desses irmãos e irmãs? Quem chorou por essas pessoas que estavam no barco? Pelas jovens mães que transportavam os seus filhinhos? Por esses homens que desejavam ganhar alguma coisa para sustentar as suas famílias? Somos uma sociedade que esqueceu

a experiência de chorar, de "padecer com": a globalização da indiferença tirou-nos a capacidade de chorar![19]

O amor na verdade (v. 18) pode ser interpretado de forma mais ampla do que simplesmente considerar um amor sincero, pois é o amor que se nutre da verdade revelada por Deus: Jesus Cristo. Ele é a fonte, a origem e o âmbito da existência e do agir cristão. Mas também pode ser visto como um amor que busca a fidelidade, pois somente um amor assim pode se manter e ser pleno de respeito, tolerância, paciência, aberto ao outro (1Cor 12,31–13,13). Um amor que se descobre e se vive na transitoriedade do tempo e nas vicissitudes do dia a dia.

Nas perícopes anteriores, foram delineadas as características da pessoa que permanece no amor, ou seja, é aquela que permanece em Deus (1,6), na luz (2,9.11), é gerada por Deus (3,7-9), caminha na luz (1,7), observa os mandamentos de Deus (2,3), ama os irmãos (2,10), professa a fé em Jesus Cristo (2,23), cumpre a justiça (2,29; 3,7) e não comete pecado (3,9).

Os vv. 19-20 são os mais complexos e de difícil compreensão do NT, conforme os comentadores. A solução encontrada[20] é uni-los aos vv. 16-18, que trazem o amor para com aquele irmão necessitado. De fato, se somos da verdade, diante de Deus, que é a luz que tudo ilumina, é necessário examinarmos nosso coração. O coração, no v. 19, pode ser entendido como a sede dos sentimentos,

---

[19] FRANCISCO, Papa. *Santa missa pelas vítimas dos naufrágios*. Homilia do Santo Padre em Lampedusa, em 08.07.2013. Disponível em: <https://w2.vatican.va/content/francesco/pt/homilies/2013 /documents/papa-francesco_20130708_omelia-lampedusa.html>. Acesso em: 12 dez. 2018.

[20] Cf. BEUTLER, *Le Lettere di Giovanni*, p. 94-95.

dos pensamentos e dos propósitos mais profundos. Assim, o cristão é exortado a analisar suas motivações, seu modo de agir, de pensar, sua mentalidade, perceber seus preconceitos, concepções, sentimentos. No v. 20, o coração pode ser interpretado como a consciência (cf. Rm 2,15 e Ef 1,18). O texto afirma que, se percebemos que fizemos algo em desacordo com a vontade de Deus (v. 20), Deus nos perdoa, porque é maior que nosso coração, por nos conhecer profundamente (At 1,24; 15,8). Por isso, podemos estar diante dele com confiança e nos deixar conduzir por seu amor, mas é necessário o primeiro passo: reconhecer-se pecador e mudar de vida.

Apesar da dificuldade, podemos dizer que, provavelmente, o autor deseja evitar a concepção de um amor que seja fruto de um esforço meramente humano, de um voluntarismo ou de mero sentimento centrado em nós mesmos, e propor uma concepção que parta do amor como iniciativa de Deus. A partir desse pressuposto, o batizado é convidado a se deixar envolver pelo amor abundante de Deus e a expressá-lo por meio de seu agir. A centralidade, portanto, não está no esforço nem em analisar se estamos amando, ou não, suficientemente a Deus, mas, sim, em voltar nosso olhar a Deus e nos perguntar se realmente nos deixamos amar por ele e nos envolver nesse amor gratuito e benevolente (Ex 34,6; Sl 103,8). Ele nos interpela, nos envolve, nos desinstala, nos faz sair de nós mesmos para o outro. De fato, somente partindo do amor abundante de Deus evitaremos uma interpretação moralista, baseada na onipresença sufocante de Deus, sempre nos vigiando, com a finalidade de nos acusar, e assumiremos uma interpretação que parte desse abandonar-se em Deus, entregar-se à sua infinita misericórdia (Gn 4,13; Sl 25,11); e, a partir dessa experiência amorosa, reconhecermos nossos pecados e amadurecermos em nosso processo de configuração ao Filho, de cristificação. Por conseguinte, nosso agir não será marcado pelo medo nem por uma exigência exterior, mas pela experiência do amor gratuito de Deus, que nos conduz a sempre confiar em sua benevolência (v. 21). Essa experiência amorosa e graciosa nos encoraja a nos apresentarmos diante de Deus (παρρησία – *parrēsía*) como somos, sem medo de nossos desejos, de nossa fragilidade, de nossas angústias, de nossos pedidos. Ele nos ouve, nos respeita e sabe também do que precisamos, sendo profundamente compassivo para conosco (v. 22). Mas também nos convida a amar nosso irmão, os mais necessitados (v. 18), e realizar tudo que o agrada (v. 22).

O ser atendido por Deus (v. 22) está presente em Jo 14,13-15; 15,7.16; 16,23-24.26 (cf. Mt 7,7). Ao recordar a observância dos mandamentos, percebemos que estamos num contexto de Aliança. A expressão "fazemos o que lhe é agradável" tem um sentido ético, mas também cultual, e há uma afinidade com Jo 8,29, com a literatura paulina (Rm 12,1-2; 14,18; 2Cor 5,9; Fl 4,18) e com a carta aos Hebreus (13,21).

No v. 23 aparece novamente o mandamento de amar uns aos outros, mas também de crer que Jesus Encarnado é o Messias prometido e o Filho de Deus. Ao apresentar esses dois mandamentos, legitima dizer que amar o outro tem como base a revelação do amor de Deus em Jesus, seu Filho (Jo 3,34; 10,37; 14,10), como já foi mencionado. Nesse versículo temos o verbo "crer" (πιστεύω – *pisteýō*), que ocorrerá também em 1Jo 4,1.16; 5,1.5.10.13. Semelhante ao Evangelho segundo João, é raro o substantivo "fé" (πίστις – *pístis*), que ocorre somente em 1Jo 5,4. O crer também está relacionado com outros verbos como "ver", "conhecer", "caminhar na luz", "escutar", "permanecer nele".

O verbo "crer" em 1Jo nos coloca em relação imediata com Jesus Cristo. Crer em Jesus é um mandamento e é a finalidade última do projeto do Pai (1Jo 5,13). Crer, nesse contexto, não está ligado ao anúncio de uma adesão inicial, mas é um convite a aprofundar a fé recebida no Batismo, que conduz à vida eterna, assumindo as consequências resultantes de ser batizado, que podem se resumir no amor para com o próximo. Para o autor de 1Jo, é da fé que deriva o conhecimento do verdadeiro sentido da existência humana, como existência gerada de Deus.[21] Enfim, o crer e o guardar os mandamentos possibilitam permanecer em Cristo (Jo 15,4-10), estar em comunhão com Deus e em comunhão com o irmão (v. 24). A raiz dessa concepção pode ser a promessa profética de que Deus habitará em nosso meio no fim dos tempos (Jl 4,17-18; Zc 2,14; Ez 3,37; Lv 26,11-12)[22] e já está em nosso meio (Jo 1,14). Nessa perspectiva da fé é introduzido o dom do Espírito como critério de comunhão com Deus na Nova Aliança, sublinhando seu papel fundamental na ética cristã, também presente em Rm 8,16; Gl 4,6.

Há inicialmente uma exortação a observar o mandamento de amar o irmão (2,3-6), pois o amor fraterno é o fundamento do mandamento dado por Jesus, sendo antigo e novo (2,7-11). Isso é confirmado em 1Jo 3,11-24,

---

[21] MARTINI, C. M. *O Evangelho segundo João na experiência dos exercícios espirituais*. 2. ed. São Paulo: Loyola, 1990. p. 71-77.

[22] Cf. BEUTLER, *Le Lettere di Giovanni*, p. 97.

que acrescenta que o amor não se limita a palavras, a lindos discursos; mas as ações perpassadas pela solidariedade e pela fraternidade são imprescindíveis.

Na primeira seção, o amor está relacionado à luz, e o ódio às trevas (1Jo 1,5–2,27), enquanto em 1Jo 2,28–3,24 predomina a antítese entre justiça e pecado. A presença de Deus na pessoa só é possível quando se afasta do pecado e age conforme a justiça, a verdade, fazendo o que agrada a Deus. Constata-se a mesma sequência presente na história de Israel, ou seja, Deus se revela ao povo por sua iniciativa, faz Aliança com ele e o povo responde com a prática do mandamento que é expressão dessa Aliança.

A afirmação de que Deus permanece em nós por meio de seu Espírito, se cumprirmos o mandamento do amor (v. 24), nos remete à experiência batismal e à tradição tanto joanina quanto paulina, não obstante suas diferenças.[23] A tradição joanina, sobretudo em Jo 3,1-21, também nos mostra que não é fácil deixar-se conduzir pelo Espírito, pois ele é imprevisível. Ouvimos sua voz, seu ruído, sentimos seus sinais, mas ele sopra onde, quando, em quem e como ele quer (v. 8). Isso exige entrar na dinâmica do Reino, que é de justiça, de amor, e nos convoca a uma mudança de mentalidade.

O Espírito Santo está intimamente ligado com a era messiânica.[24] Em Jo e nesta carta, os argumentos pneumatológicos (referentes ao Espírito) foram influenciados,

---

[23] O Batismo no Evangelho segundo João se apresenta de forma diferente da visão paulina. Enquanto Paulo centra a vida do batizado na participação no mistério pascal e na filiação divina, a teologia joanina entende o Batismo como regeneração, renovação, nascer de novo e nascer do alto.

[24] Era messiânica designa o período após a vinda do Filho de Deus na história.

como vimos, pela concepção retratada em Ez 36,24-28, que tem como núcleo o tema do dom da salvação e da nova criação do povo. A nova criação gerada pelo Espírito só é possível pela renovação, que consiste na purificação do coração.

Ao referir-se ao desejo de Deus de que acreditemos no nome de Jesus Cristo (v. 23), reporta-nos ao Filho como aquele que sai da intimidade do Pai e revela plenamente o seu projeto em sua encarnação, em sua morte e glorificação, concedendo a todos a salvação,[25] a vida eterna. Vida eterna que não é uma realidade somente após a morte, mas é viver cotidianamente conforme o projeto de Deus, que anseia por nos conceder a vida abundante aqui e agora (Jo 10,10). Assim, Jesus é o primeiro dom do Pai, que se encarna para manifestar o seu projeto de amor e, mesmo sofrendo a rejeição desse projeto diante da morte de seu Filho Único, o Pai continua desvelando o mistério de seu amor. Ao unir-nos a Jesus, por meio de nossa adesão pelo Batismo, recebemos como herança a participação no mistério pascal e somos inseridos na comunidade cristã. Mas o que significa receber por herança a participação na vida de Jesus crucificado e ressuscitado? Essa herança traz inúmeras consequências para a vida do batizado. Acreditar que o Filho de Deus é o Crucificado nos faz mudar nossa concepção sobre quem é Deus, quem é Jesus e quem somos nós. Desse modo, somos impulsionados a ter atitudes que nos levam a nos despojar de nós mesmos e de nos colocarmos completamente disponíveis ao outro, sem esperar nenhuma recompensa, reconhecimento, numa atitude

---

[25] Cf. Nm 21,8-9; Sb 16,5-7.

completamente gratuita. Não somente com as pessoas que conhecemos e temos afinidades, mas também com aquelas que não conhecemos bem, mas necessitam de nossa presença, do nosso amor, do nosso despojamento (1Jo 3,17-18; Jo 13,1-20).

A força para não desanimar está justamente na certeza e na vivência desse grande mistério: acreditar que Deus realizou seu plano salvador por meio de Jesus, o que culminou em sua morte e na ressurreição; acreditar também na presença constante do Espírito (v. 24), que provoca dentro de nós o discernimento (vv. 21-22), fazendo-nos compreender o projeto de Deus e ser anunciadores da mensagem da vida (1Jo 1,1-4).

Desse modo, viver nosso seguimento, nosso Batismo, é ao mesmo tempo um dom, uma graça recebida de Deus, mas também uma resposta que exige constante conversão e o desejo renovado de responder ao projeto que Deus tem para cada um de nós.

Assim, ser filho de Deus é ser livre, e não escravo de interesses mesquinhos, do individualismo, da ganância (vv. 17-18), do ódio, do egoísmo (1Jo 3,12-16). Ser filho é deixar-se guiar pelo Espírito que foi doado (v. 24) no Batismo, num entregar-se totalmente à vivência do amor mútuo, no total acolhimento do outro, na misericórdia, na tolerância e no perdão. Isso reproduz em nós as atitudes de Deus misericordioso e compassivo. É exatamente nisso que consiste ser batizado.

Podemos dizer que em 1Jo o mandamento é crer no Messias Jesus, o Filho de Deus, e amar uns aos outros. Essa Nova e Eterna Aliança, que agora se realiza na pessoa de Jesus, não é desvinculada das Alianças estabelecidas com os Patriarcas, mas as reveste de um caráter messiânico e, ao mesmo tempo, cumpre a promessa de Lv 26,11-13. Por isso, crer em Jesus Messias, Filho de Deus, e amar uns aos outros são expressões do dom salvífico de Deus (Jo 20,31; 1Jo 5,13) e de que somos conduzidos pelo Espírito, como aprofundaremos na perícope seguinte (1Jo 4,1-6).

## 5.3 RUPTURA COM O MUNDO E A FÉ AUTÊNTICA: 1Jo 4,1-6

Como as seções anteriores, 1Jo 4,1-6 é caracterizado pela antítese e corresponde estruturalmente a 2,18-27. Esse texto pode ser subdividido em quatro blocos. O primeiro é de caráter exortativo (v. 1), o que sintetiza o argumento que será desenvolvido no decorrer da perícope, juntamente com o último bloco, que é o v. 6, que serve de conclusão. Os dois blocos centrais são argumentativos (vv. 2-3 e 4-5) e têm como tema a filiação divina dos interlocutores dessa carta em contraposição à ruína dos adversários. No início há duas exortações e uma motivação, e o texto segue com os critérios para distinguir os dois espíritos: o de Deus e do anticristo. A contraposição entre os provenientes de Deus e do mundo, a vitória dos filhos de Deus e a conclusão sobre o comportamento daqueles que são conduzidos pelo espírito da verdade ou pelo espírito do engano são descritas nos vv. 4-6.

O tema central será o primeiro dos dois mandamentos, já anunciado anteriormente, a saber: a fé em Jesus e a capacidade de confessar que Jesus Cristo é de Deus por meio do Espírito Santo.[26] Ao falar sobre a necessidade de discernir o verdadeiro do falso espírito (tema

---

[26] BROWN, *Le Lettere di Giovanni*, p. 685-686.

introduzido em 3,24), o texto traça o perfil do verdadeiro cristão e alerta sobre os falsos profetas. Vejamos:

> ¹Amados, não creiais em qualquer espírito, mas examinai se os espíritos são de Deus, porque muitos falsos profetas saíram pelo mundo. ²Nisto reconhecereis o Espírito de Deus: todo espírito que confessa Jesus Cristo vindo na carne, é de Deus. ³Mas todo espírito que não confessa Jesus, não é de Deus. Esse é o espírito do anticristo, a respeito do qual ouvistes que vem, e agora, já está no mundo. ⁴Vós sois de Deus, filhinhos, e os vencestes, porque é maior aquele que está em vós, do que aquele que está no mundo. ⁵Eles são do mundo, por isso falam a partir do mundo, e o mundo os ouve. ⁶Nós somos de Deus. Quem conhece a Deus nos ouve, quem não é de Deus não nos ouve. Nisso reconhecemos o espírito da verdade e o espírito do engano.

O versículo inicial desse capítulo quatro sintetiza a temática de toda a perícope. Nesse versículo, a comunidade é exortada a manter a autenticidade da fé diante do conflito com os opositores. Para isso é necessário o discernimento para distinguir o Espírito de Deus do espírito do anticristo. O tema do Espírito já tinha sido abordado em 3,24 e retorna em 4,13; 5,6.8. Portanto, não é um assunto isolado, mas perpassa esta carta. Ressaltamos, ainda, que em 1Jo 4,1-6 encontramos as mais antigas formulações da profissão de fé das comunidades primitivas, também presentes em Rm 1,3-4; 10,9; At 2,29-36 e 1Tm 3,16.

A designação "amados" exprime a relação entre os interlocutores e o autor (v. 1), mas também entre Deus e a comunidade. A mesma contraposição dualista com relação ao termo "mundo", presente no Evangelho segundo João, caracterizada como uma rejeição de Jesus Cristo que é a verdade, reaparece em 1Jo, de forma ampliada. O termo grego *pneuma* tem vários significados, como transparece no v. 1. Dado que podemos ter o Espírito de Deus (v. 2), que é o Espírito Santo, que nos conduz à verdade, e o espírito do anticristo, que conduz ao engano (v. 6). Esses espíritos eram vistos como grandezas escatológicas, as quais surgiriam somente no fim dos tempos; mas em 1Jo aparecem inseridas na história,[27] ou por causa da vinda de Cristo, de sua morte e ressurreição, como mencionamos anteriormente, ou por considerarem os conflitos já existentes na comunidade com os adversários como anúncio de uma Parúsia iminente.

Do ponto de vista semântico é importante sublinhar o termo "pseudoprofeta" (v. 1), porque nos remete ao tema da mentira e do engano, que é um dos termos centrais dessa carta, em oposição à verdade.[28] De fato, o profeta é aquele escolhido por Deus para transmitir sua mensagem, tendo a função de anunciar e de exortar. Escutar a mensagem profética é fundamental, pois há algo de normativo nela, capaz de discernir a vontade de Deus na história, e é uma revelação dada ao profeta. Por isso, um falso profeta traz muitos danos à comunidade, porque transmite uma mensagem que não provém de Deus e poderá conduzir o povo ao pecado, à morte, ao engano, ao distanciar-se do verdadeiro Deus (cf. Dt 18,9-22). O conteúdo transmitido pelos falsos profetas

---

[27] Cf. BEUTLER, *Le Lettere di Giovanni*, p. 99.
[28] Cf. 1Jo 1,6.8-10; 2,4.21.22.26.27; 3,7.18; 4,6.20 e 5,10.20.

provavelmente é o referido no v. 3, estando desse modo ligado ao "espírito do engano".

O verbo "confessar" (em grego ὁμολογέω – *homologéō*), no v. 2, raramente é constatado num contexto religioso na literatura clássica. Ele é utilizado de forma genérica ou em âmbito jurídico, com o significado de "comprovar", "concordar", "declarar", "fazer uma promessa". No NT, refere-se à profissão de fé cristológica (Rm 10,9-10). Neste sentido é empregado na literatura joanina (Jo 1,20; 9,22; 12,42; 1Jo 2,23; 4,15) e em 1Jo 4,2-3, ao afirmar que o critério para examinar os espíritos é a profissão de fé em "Jesus Cristo vindo na carne".

Quanto à interpretação teológica dessa profissão de fé, não há um consenso entre os biblistas. Ao considerarmos as duas confissões: "Jesus Cristo vindo na carne" (v. 2) e "Jesus" (v. 3), podemos ter várias interpretações. A primeira é que Jesus somente é Cristo (v. 2), ou seja, Messias, quando é "vindo na carne"; portanto, seria a afirmação sobre a ação salvífica, e Cristo torna-se o título dado ao Filho de Deus, preexistente. Mas teríamos outros problemas teológicos ao ser comparado com a profissão de fé descrita em 2,23 e 4,15.

Outra dificuldade de interpretação no v. 2 é a de entender o termo "carne", pois, ao ser empregado na Bíblia, pode designar: a pessoa humana, toda a humanidade (cf. Gn 6,13); todo o ser criado (Gn 7,21); um elemento constituído do corpo humano; o vínculo de parentesco; o ser semelhante a outra pessoa (Gn 37,27); e a fragilidade humana[29] referindo-se, sobretudo, à morte. Assim, a expressão "vindo na carne" pode ser compreendida

---

[29] Cf. Is 40,6; Jr 17,5; Sl 56,5; 78,39.

tanto como a totalidade da pessoa de Jesus como sua humanidade em sua condição de fraqueza, revelada plenamente em sua morte.

A segunda interpretação diz que o Espírito de Deus confirma a declaração de que "Jesus Cristo" é "vindo em carne", ou seja, afirma a existência humana de Jesus; porém, não fala expressamente da encarnação, que será um tema refletido e discutido posteriormente, nos séculos II e III, contra o docetismo e o gnosticismo. Esses movimentos eram considerados heréticos por suas concepções cristológicas, por negarem a humanidade ou a divindade de Jesus Cristo.

No v. 3, um dos problemas levantados é o de escolher um dos dois verbos atestados nos manuscritos, a saber, "negar a importância" ou "confessar".[30] Mas, apesar de vários comentadores assumirem o primeiro verbo, "negar a importância", as justificativas apresentadas não são plausíveis, dado que estão relacionadas com as heresias datadas na segunda metade do II século d.C., quando a carta, provavelmente, já tinha sido escrita e por não ser um verbo constatado nos manuscritos antigos.

Para alguns comentadores, a frase do v. 2, referente à confissão de "Jesus Cristo vindo na carne", não tem a pretensão de enfatizar a encarnação, apesar de estar subjacente, por não ser a problemática principal da carta ao considerar sua datação, mas deseja sublinhar o significado soteriológico da humanidade de Cristo. Essa segunda opção parece ser a mais viável diante do contexto (1Jo 2,2;

---

[30] No v. 3 há um problema com relação ao verbo, pois em alguns manuscritos há o verbo "não confessar" (μὴ ὁμολογει/ – *mè homologéi*) e em outros o verbo "anular", "destruir", "dissolver" (λύει – *lýei*), que pode também ser traduzido por "negar a importância", como ocorre em algumas traduções.

3,5.8; 4,10.14). Porém, como já foi mencionado, a ênfase não deve ser dada à cristológica, mas à antropológica, ou seja, o autor exorta a comunidade a acolher a salvação proveniente de Cristo, sua consequência no agir cristão e no relacionamento comunitário, contra os opositores. Nesse sentido, a profissão de fé em Deus e no Espírito Santo não é independente da cristologia, da ação salvífica de Jesus, e não é incompatível com a revelação de Jesus "vindo na carne". Aliás, o Espírito está intrinsecamente ligado ao messianismo, pois é ele que certifica que Jesus Crucificado é o Messias esperado, o Filho de Deus. Essa característica do Espírito também ocorre na literatura joanina. Por isso, aquele que não professa tal verdade é chamado de anticristo. Jesus também é o único acesso a Deus[31] Pai, e o Espírito está ligado ao agir cristão. Tudo isso é expresso na preocupação do autor em ensinar seus interlocutores a identificar e se deixarem conduzir pelo verdadeiro Espírito de Deus, sendo verdadeiros pneumáticos, e a evitar que fossem seduzidos pelo engano dos pseudoprofetas (falsos profetas), por trazer consequências nefastas para suas vidas.

O termo "anticristo" já ocorreu em 1Jo 2,2 também num contexto cujo tema era a profissão de fé, quando afirmava que o "anticristo", atuante no mundo presente, negava o Pai e o Filho e o valor soteriológico da humanidade de Jesus (4,3).

É significativo chamar de "pseudoprofetas" aqueles que recebem o espírito do anticristo e que não confessam "Jesus", pois Jo e 1Jo consideram como a realização das

---

[31] TILBORG, As Cartas de João, p. 247.

profecias a vinda de Jesus, sua unidade com o Pai e a presença do Espírito.[32]

Após as exortações e motivações iniciais, são identificados três grupos segundo sua proveniência (vv. 4-6). O primeiro é o dos destinatários da carta (v. 4), o segundo, o dos adversários (v. 5) e o último pode ser o grupo dos líderes da comunidade, ou ainda dos membros da comunidade (v. 6). O primeiro e o terceiro pertencem a Deus, enquanto o segundo provém do "mundo". A vitória sobre aqueles que pertencem ao mundo é a confirmação de que os membros da comunidade provêm de Deus (v. 4, cf. 2,13-14). O segundo grupo é daqueles que se opõem a Deus, aqueles que pertencem ao "mundo" (Jo 7,7; 15,18; 17,14; 1Jo 2,15-17). A comunidade, por sua vez, torna-se o lugar da presença de Deus (3,24; 4.13.15) e, portanto, é forte diante do maligno. A referência àqueles que se opõem a Jesus Cristo, como sendo do mundo, e àqueles que falam a partir do mundo ocorre somente em 1Jo, mas é algo que também pode ser deduzido de algumas afirmações presentes no Evangelho (Jo 10).

A palavra-chave do v. 6 é "escutar" e a oposição será entre aqueles que escutam os ensinamentos defendidos pelo remetente da carta e aqueles que ouvem ou seguem o ensinamento do espírito do anticristo, ou seja, dos falsos profetas.

A expressão "Espírito da verdade" ocorre em outros textos do NT, sobretudo, na teologia joanina (Jo 14,17; 15,26; 16,13). Mas não temos textos bíblicos paralelos que empreguem a locução "espírito do engano", sendo

---

[32] BONNEAU, G. *Profetismo e instituição no Cristianismo primitivo*. São Paulo: Paulinas, 2003. p. 249. (Bíblia e História).

típica da literatura extrabíblica, como os "Testamentos dos doze Patriarcas" e a "Regra da comunidade", encontrados em *Qumran* (cf. 1QS 3,13–4,26).[33]

O Espírito da verdade em 1Jo tem a função de nos conduzir à plenitude da verdade que é Cristo, o Filho de Deus Encarnado (v. 2). Para isso é necessária uma mudança de mentalidade, que é voltar-se totalmente para o Filho de Deus, abandonar-se por inteiro a Cristo e renunciar a tudo aquilo que é contra o Reino de Deus, dado que uma vida pautada em Cristo é o fim último da ação do Espírito de Deus. Nesse sentido, é importante sublinhar que o termo "mundo", no contexto dessa perícope, deve ser interpretado como tudo aquilo que é contra o Reino de Deus, e não às realidades humanas. De fato, o Espírito de Deus, conforme 1Jo 4,2, está ligado às realidades históricas, e o cristão, por conseguinte, é chamado a deixar-se conduzir pelo Espírito, que consiste em ser dom e participar da construção do Reino no cotidiano. Por outro lado, não basta discernir e ter claro qual é o espírito da verdade, mas é necessário segui-lo, escutá-lo, deixar-se conduzir por ele e testemunhá-lo diante das adversidades, que ocorrem no dia a dia, e indicar seus sinais na história. Esses sinais, como vimos, são o amor e a unidade. Amor que surge da experiência da entrega de Jesus Cristo por meio de seus gestos, de sua paixão e morte (v. 2). Ser guiado pelo Espírito da Verdade é também ser anunciador da esperança, pois Cristo foi ressuscitado e vive em e entre nós. Assim, o Espírito da Verdade não é algo abstrato, mas é a força dinâmica que continua a guiar-nos rumo à

---

[33] BEUTLER, *Le Lettere di Giovanni*, p. 102.

vida. Por isso, o autor nos deixa claro que nós, cristãos, somos constantemente confrontados com o "mundo", somos chamados a empenhar-nos para sermos fiéis a Cristo e ao Espírito da verdade, mas é Cristo Ressuscitado e o Espírito que nos dão a certeza da vitória. Essa vitória consiste em abrir-nos a tudo que esteja ligado à promoção humana, que é a expressão profunda de uma vida guiada pelo Espírito da verdade. Portanto, esse Espírito é quem infunde em nós a certeza de que "não há realidade humana para a qual seja insensível a força do amor de Deus".[34]

---

[34] MARTINI, C. M. *Viver os valores do Evangelho*. São Paulo: Paulinas, 1997. p. 140. (Sopro do Espírito).

Capítulo 6

# "DEUS É AMOR" E O AMOR FRATERNO: 1Jo 4,7–5,17

Esta é a última parte de 1Jo. Depois temos somente a conclusão da carta. Na seção anterior afirmamos que 1Jo 4,1-6 desenvolvia o primeiro mandamento, que consistia em crer em Jesus Cristo "vindo na carne". Em 1Jo 4,7-21, é desenvolvido o segundo mandamento:[1] o amor fraterno e suas consequências, já introduzido em 1Jo 3,23.

Ao considerar esse bloco, percebe-se uma continuidade e uma progressividade nos argumentos presentes nas perícopes anteriores, que tiveram como tema "o amor", como em 1Jo 2,7-11, que tratou da prática do amor fraterno, e em 3,11-18, que abordou o agir cristão tendo como paradigma Jesus Cristo.[2] Em 4,7-21, o autor aponta o fundamento último do amor, que é Deus Pai.

A união entre fé e amor será apresentada na síntese conclusiva, em 5,1-17, a última seção de 1Jo.

## 6.1 OBSERVÂNCIA DOS MANDAMENTOS: O AMOR FRATERNO: 1Jo 4,7-21

1Jo 4,7-10 tem a mesma estrutura da perícope anterior (1Jo 4,1-6). Ela é composta de três blocos,

---

[1] BROWN, *Le Lettere di Giovanni*, p. 685-686.
[2] TILBORG, *As Cartas de João*, p. 250.

sendo o primeiro exortativo (4,7a) e os dois demais, argumentativos (vv. 7b-8 e 9-10). Esta seção é caracterizada pela antítese.

A estrutura dos vv. 11-21 é mais complexa, apesar de seguir o mesmo modelo da atual, por ser formada por sete blocos. O primeiro contém uma exortação (v. 11) e é seguido dos outros cinco, que têm um caráter argumentativo. O segundo bloco retoma o tema (vv. 12-13) e apresenta quatro subdivisões paralelas: A (vv. 14-15) e sua correspondente A' (v. 16); B (vv. 17-18) e sua correspondente B' (vv. 19-20). O último bloco (v. 21) sintetiza essa primeira seção desta IV parte.

O tríplice fundamento do amor é exposto nos vv. 13-16. O autor afirma que o amor é iniciativa de Deus. Isso pode ser reconhecido pelo dom do Espírito (v. 13), pelo envio do Filho (vv. 14-15), pela fé em Deus que é amor, e, por meio da graça divina, experimentar a permanência do amor gratuito e benevolente de Deus em nós (v. 16). As consequências dessa experiência são enfatizadas nos vv. 17-21. Vejamos o texto:

> [7]Amados amemo-nos uns aos outros porque o amor vem de Deus, e todo aquele que ama foi gerado de Deus e conhece a Deus. [8]Quem não ama não conheceu a Deus, porque Deus é Amor. [9]Nisto se manifestou o amor de Deus em nós: Deus enviou o seu Filho Unigênito ao mundo para que vivamos por Ele. [10]Nisto consiste o amor: não fomos nós que amamos a Deus, mas foi ele quem nos amou e enviou-nos o seu Filho como oferenda de expiação por nossos pecados. [11]Amados se Deus assim nos amou, também nós devemos nos amar uns aos

outros. ¹²Ninguém jamais viu a Deus. Se nos amarmos uns aos outros, Deus permanece em nós, e seu amor em nós torna-se perfeito. ¹³Nisso reconhecemos que permanecemos nele e Ele em nós, uma vez que Ele nos deu de seu Espírito. ¹⁴E nós temos contemplado e testemunhamos que o Pai enviou o seu Filho como salvador do mundo. ¹⁵Aquele que confessar que Jesus é o Filho de Deus, Deus permanece nele, e ele em Deus. ¹⁶E nós temos reconhecido e acreditado no amor que Deus tem em nós. Deus é Amor, e quem permanece no amor permanece em Deus, e Deus nele. ¹⁷Nisso o amor se torna perfeito entre nós, para que tenhamos confiança no dia do juízo, porque, assim como Ele é, assim também somos nós neste mundo. ¹⁸No amor, não há medo, porque o medo pressupõe castigo, e quem tem medo não se torna perfeito no amor. ¹⁹Nós amamos porque Ele, por primeiro nos amou. ²⁰Se alguém disser: "Eu amo a Deus", mas odiar a seu irmão, é um mentiroso, pois quem não ama a seu irmão, a quem vê, como pode amar a Deus, a quem não vê? ²¹E temos este mandamento da parte dele: aquele que ama a Deus, ame também o seu irmão.

O autor desenvolve nestes versículos o tema da comunhão com Deus, que é descrita como uma aceitação do amor que Deus tem por nós, e sua expressão por meio do nosso amor para com o outro. O texto pode ser estruturado tematicamente da seguinte forma: o autor introduz a temática (v. 7a) com uma exortação a nos amarmos mutuamente, pois o amor provém de Deus, e segue com o desenvolvimento dessa afirmativa aprofundando dois conteúdos, que são complementares. O primeiro conteúdo parte do ser humano, que ama e é amado por Deus (vv. 7b-8), e o segundo parte de Deus, que revela seu amor por meio das palavras e das ações de seu Filho (vv. 9-10), que seria a manifestação divina do amor entre nós. A segunda parte dá continuidade à manifestação do amor, partindo daquele recebido por Deus e de nossa responsabilidade em amar o próximo. A perfeição do amor doado por Deus à humanidade (v. 12) tem como consequência a comunhão com ele (v. 13). A partir dessa experiência da iniciativa de Deus de amar, todo aquele que crê na filiação divina de Jesus (v. 15) e vive no amor (v. 16) permanece em Deus, e Deus permanece nele. Os demais versículos expõem as características do amor:

a) a perfeição do amor em contraste com o medo (vv. 17-18);
b) o amor mútuo que tem como origem a iniciativa de Deus (v. 19); e
c) a conexão indissociável entre o amor a Deus e o amor para com o irmão (v. 20).

A síntese final cria a união entre fé, amor a Deus e ao próximo (v. 21).

O remetente se dirige aos destinatários, denominados "amados", para exortar sobre o amor, que se expressa na responsabilidade para com o outro, tendo como motivação sua proveniência divina, ou seja, tem sua origem em Deus. A designação "amados" não é somente uma forma de se expressar afetuosamente, mas exprime o primado do amor de Deus, que envolve aquele que crê nele, pois Deus é a fonte, o modelo; enfim, é o único que pode ser definido como sendo amor (v. 8). Assim, todo aquele que ama foi gerado por Deus e o conheceu, ou seja, está em comunhão com ele. A afirmação "Deus é Amor" "constitui a originalidade e o cerne da revelação cristã";[3] amor que se expressa na entrega, na gratuidade, na benevolência, na misericórdia, na abertura à comunhão. Apesar de o amor divino transcender todas as formas do amor mútuo, o amor fraterno é uma expressão, uma manifestação do amor divino. Amar não é somente cumprir um mandamento, mas é uma resposta ao dom do amor de Deus.

Há uma discussão sobre o tempo do verbo "conhecer" (v. 8), pois há manuscritos que o conjugam no presente e, outros, no passado. O verbo no passado parece ser mais viável por haver mais versões que o sustentam e por ser uma característica do autor. O verbo no passado ressalta a negação, criando um impacto no leitor; mas, também, pode ter uma justificativa teológica, dado que é pela adesão a Jesus Cristo e pelo Batismo que o fiel inicia o processo de conhecer a Deus, ou seja, faz a experiência de seu amor revelado em seu Filho, conforme será afirmado no v. 9.

A antítese presente nos vv. 7-8 finaliza com uma frase teológica impactante: "Deus é Amor" (v. 8b). Tal assertiva nos remete a 1Jo 1,5, quando anunciava "Deus é luz, e nele não há trevas", e tirava como consequência viver em comunhão com Deus, caminhar na luz e praticar a verdade. A expressão "Deus é Amor" sintetiza a

---

[3] CAVACA, Osmar. Caridade e salvação: apontamento da dogmática para um debate sobre o tema. In: PONTIFÍCIA FACULDADE DE TEOLOGIA NOSSA SENHORA DA ASSUNÇÃO (Org.). *A caridade*: um estudo bíblico-teológico. São Paulo: Paulinas, 2002. p. 115.

relação existente entre Deus e a humanidade e é uma das expressões mais profundas do cristianismo. Como já foi mencionado, o amor não é somente um modo de comportar-se de Deus, mas faz parte do seu ser, lhe é intrínseco, pois se afirma que Deus é a origem do amor e quem vive em comunhão com Deus é interpelado a amar. Somente pode conhecer verdadeiramente Deus--Amor quem pratica o amor para com o próximo, pois o amor e o conhecimento de Deus estão intrinsecamente unidos. Portanto, a intenção dessa afirmação não é a de tomar posse da essência de Deus, mas sim constatar como Deus se revela na história e como o cristão é chamado a agir.

O percurso do amor de Deus para com as pessoas começa com o envio do Filho Unigênito na história, para a vida do mundo. É importante observar que as três afirmativas sobre o percurso do amor de Deus têm verbos conjugados de formas diferentes:

a) no v. 9: o verbo está no aoristo narrativo (passado);
b) no v. 10: o verbo está no presente; e
c) no v. 17: temos o verbo no perfeito, porém pode ser interpretado como sendo futuro.[4]

A epifania do amor de Deus recorda a manifestação da Palavra da Vida em 1Jo 1,2 e a manifestação de Jesus para a libertação dos pecados em 1Jo 3,5.8. A expressão escolhida pelo autor, *en hēmîn* (ἐν ἡμῖν), pode ser interpretada de três formas:

---

[4] BEUTLER, *Le Lettere di Giovanni*, p. 106.

a) ser traduzida por "entre nós", no sentido de a comunidade ser o lugar da revelação de Deus-Amor;
b) pode ser entendida como "o amor de Deus manifestou-se a nós", ressaltando o papel da comunidade em reconhecer essa revelação; e
c) pode ser entendida como uma iniciativa de Deus, ou seja, o amor de Deus em nós se manifestou.

Essa ambiguidade parece intencional, pois apresenta o itinerário do batizado diante da manifestação de Deus e as consequências dessa revelação. O amor de Deus é manifestado em nós, a nós, para nós e entre nós. E isso se dá num momento histórico preciso, a saber, com o envio do Filho.

Como referido anteriormente, o amor de Deus torna-se manifesto no envio de seu Filho Unigênito (1Jo 4,9-10) e na redenção, ou seja, o amor é definido, ou melhor, o ser de Deus é revelado na manifestação histórica de seu Filho. A concepção de que o Filho Unigênito é enviado para o mundo para que possam "viver por ele" perpassa a literatura joanina.[5] Percebe-se no v. 9 influência de Jo 3,16-18, apesar de haver algumas variações.

O verbo grego empregado para indicar o "envio" do Filho (v. 9) é *apostéllō* (ἀποστέλλω). Ele é típico da literatura joanina para referir-se a Cristo, tornando-se, até mesmo, um título de Jesus: o "Enviado" (Jo 3,17.34; 5,36.38; 17,3). Esse verbo grego na Septuaginta traduz a raiz *ŠLḤ* (שלח), assumindo a densidade semântica desse radical hebraico. No AT, normalmente, esse verbo tem como sujeito Deus e como objeto o envio de pessoas,

---

[5] Cf. Jo 1,4; 5,21.40; 6,33.51-58; 10,10; 11,17-27; 20,31; 1Jo 1,2; 5,12.

de anjos (Gn 24,40), de mensageiros (Ml 3,1), do Filho do Homem e de seus atributos divinos, como a sabedoria (Sb 9,10), o espírito (Sl 104,30), a misericórdia e a fidelidade (Sl 56,4). Nos textos veterotestamentários, observa-se uma passagem dos enviados celestes para o envio de seres humanos (por exemplo: José, Moisés). Esse envio assegurava o agir de Deus na história humana, a fim de garantir que seria realizada a salvação do povo. Com efeito, Deus agia por meio de seus intermediários, que eram constituídos como enviados para exercer determinada missão. Por meio do enviado, Deus manifestava seus sinais ou prodígios e comunicava sua mensagem, ou seja, sua vontade. Por sua vez, o enviado exercia a missão, como representante, e era chamado a ser obediente e fiel ao outorgante.[6]

A ação de enviar é do próprio Deus Pai, evidenciando que o Filho realizará a missão que lhe foi confiada (cf. Ml 3,1 e Is 61,1), manifestando, assim, a ação salvífica do Pai (v. 10). O Filho é enviado como "oferenda de expiação" (v. 10) e tem uma missão precisa: fazer com que o mundo viva (v. 9). A missão do Filho, portanto, está vinculada ao ser enviado. É necessário esclarecer que o Filho não é enviado por causa do pecado da humanidade, ou para morrer pelos pecados do povo, mas para revelar o amor do Pai e realizar o plano divino (1Jo 4,8-9). Ao entrar na história, o plano de Deus poderia ser acolhido ou rejeitado. Como o plano

---

[6] Para aprofundar sobre o ser enviado, confira RODRIGUES, J. R. *A cristologia do enviado no Evangelho segundo João em vista de uma tendência cristológica atual*. 267 f. Tese (Doutorado em Teologia) – Faculdade Jesuíta de Filosofia e Teologia, Belo Horizonte, 2011; e HOSSFELD, F.-L.; VELDEN, F. van der. שלח [*šlḥ*]. In: BOTTERWECK; RINGGREN; FABRY, v. 9, p. 359-387.

foi rejeitado, Jesus é condenado à morte. Desse modo, a única solução foi inserir a morte violenta dentro do plano, e o que, aparentemente, poderia ser avaliado como um fracasso, se tornou o caminho paradoxal para sua realização (vv. 10.17).

O termo grego *monogenés* (μονογενής), que pode ser traduzido por "único gerado" ou "unigênito", ocorre em Jo 1,14.18, no Prólogo (1Jo 1,1-4), e em Jo 3,16, no diálogo com Nicodemos. Esse adjetivo também significa "predileto" ou "amado" (Gn 22,2.16-17 [LXX]; Hb 11,17). Há relações entre os contextos nos quais ocorre o termo "unigênito" no Evangelho e nessa carta em análise. A primeira é a forte influência da teologia ou da tradição da Presença e a manifestação do amor de Deus no mundo. A segunda é a relação entre a vinda do Filho Unigênito e a salvação dada a todas as pessoas.

As ocorrências da palavra "Unigênito" em Jo estão também vinculadas ao crer ou não em Jesus como aquele que conduz à vida eterna, ou seja, acentua essa dimensão escatológica e salvífica. Isso também ocorre em 1Jo, pois, após afirmar que Jesus é o unigênito e argumentar sobre Jesus como Filho de Deus, o autor apresenta um elemento escatológico no v. 17, que é o dia do juízo, reforçando a dimensão protológica[7] e escatológica. Jesus, que se manifesta historicamente, antecipa a experiência de vivermos em comunhão com Deus, característica da era escatológica. Porém, só será vivida de forma definitiva na Parúsia. Assim, provavelmente, 1Jo 4,12-17 faz menção

---

[7] Protológica consiste na ação divina na história.

à realidade e às promessas escatológicas da presença de Deus entre nós.[8]

Percebe-se a mudança semântica do termo "mundo", passando de uma interpretação até então negativa para uma neutra ou positiva, ou seja, representando toda a humanidade.

Jesus é, portanto, a realização da manifestação da presença do Pai e de sua permanência na comunidade. Por conseguinte, o Filho se identifica com a vontade salvífica do Pai, sendo dom de seu amor (v. 14). Tudo isso se confirma nos vv. 12-15, quando são retomadas as palavras de Jesus presentes em Jo: "Ninguém subiu ao céu, a não ser aquele que desceu do céu, o Filho do Homem" (3,13; 6,33-35.38), e no Prólogo, que diz: "Ninguém jamais viu a Deus. O Unigênito, que está na intimidade do Pai, ele deu a conhecer" (Jo 1,18). No Evangelho Joanino, o conhecimento de Deus passa pelos sinais, pelas palavras e pela ação de Jesus, que são concebidos como manifestações desse legado divino, revelações da glória do Pai e cumprimento escatológico do Reino. Isto é possível em virtude de sua filiação divina. Essa unidade entre o Pai e o Filho atinge seu clímax no relato da crucificação, que é chamada, no Evangelho segundo João, de glorificação. Desse modo, a cruz é a realização tanto da obra do Pai quanto uma forma de o Filho glorificar o Pai; é a revelação de Deus como Pai e é quando todos são congregados. Tal aspecto é presente na literatura rabínica da *shekinah* (Teologia da Presença), quando diz:

---

[8] Cf. Jl 4,17-18; Zc 2,14; Ez 3,37; Jr 31,31-34; 24,7; Is 55,1-3; Ez 16,59-63; 36,26-28; Zc 8,8.

[...] Assim, tu podes deduzir que os israelitas não são redimidos, até que não seja uma única coisa [...]. Se esses formam uma unidade receberão a presença da *shekinah*[9] (presença divina).

Essa realidade é visível quando o autor de 1Jo expressa a redenção concedida a todos (v. 10), a unidade dos filhos de Deus (vv. 13-14) e a presença do Espírito Santo (v. 13).

Em 1Jo não é constatado o termo "glória", mas afirma-se que o envio de Jesus e a redenção (oferenda de expiação) são vistos como manifestação do amor de Deus e da vida dada ao mundo. Por isso, podemos dizer que, por meio da fragilidade, da vulnerabilidade humana na morte de cruz, se manifesta o amor gratuito de Deus e se revela que Deus é amor. A morte de Jesus não é somente o ponto culminante de sua humanidade, mas é o momento no qual é realizado o plano salvífico de Deus (v. 14). É quando Deus se torna visível, quando se manifesta para a humanidade.

Nesta seção é retomado o tema do envio do Filho, como epifania do amor do Pai, acrescentando-se dois elementos:

a) é Deus quem toma a iniciativa de nos amar, pois ele é amor (4,7.8.10.19); e
b) é expresso o valor salvífico da obra divina ao manifestar-se por meio do seu Filho, que redime a humanidade dos seus pecados, por fidelidade ao projeto do Pai (1Jo 2,2; 1,7).

---

[9] NEUDECKER, R.; SCANU, M. P. "Dove sei?" (Gn 3,9). Motivi salienti di Antropologia nel Giudaismo. In: MARICONI, B. (ed.). *Antropologia cristiana*: Bibbia, teologia, cultura. Roma: Città Nuova, 2001. p. 628.

O Filho como oferenda de expiação é sinal da vitória definitiva de Deus, eliminando assim as trevas e a morte. Isso é demonstrado em 1Jo 4,10, com o uso novamente do termo *hilasmós* (ἱλασμός), referindo-se a Cristo, traduzido por "oferenda de expiação", já aprofundado em 1Jo 2,2. Do ponto de vista literário, no v. 10 é anunciada a plenitude do amor, que adquirirá um significado escatológico em 1Jo 4,17.

## 6.1.1 Permanecer no amor de Jesus, o salvador do mundo

O remetente se dirige, novamente, aos interlocutores, por meio da designação "amados" (v. 11), que é pertinente, dado que toda a temática dessa seção será sobre o amor. Após definir e apresentar a origem do amor, a comunidade é exortada a amar uns aos outros. No amor fraterno se expressa a vivência do amor de Deus, que se completa na comunhão dos cristãos com Deus. Então, podemos dizer que o amor proveniente de Deus atinge sua meta, sua plenitude, no amor fraterno.

O v. 12 reproduz Jo 1,18, sobre a invisibilidade de Deus Pai. Porém, enquanto em Jo 1,18 a frase "Ninguém jamais viu a Deus" serve para comprovar a revelação de Deus por meio de Jesus Cristo, como aquele que nos faz conhecer quem é o Pai, em 1Jo 4,12 é utilizada para enfatizar a necessidade de amar o próximo e de permanecer em comunhão com Deus, como formas de tornar conhecido quem é Deus. De fato, o Deus-Amor (4,8) se torna manifesto em Jesus Cristo e na vivência dos membros da comunidade. É nesse testemunho que o amor de Deus atinge a meta (a perfeição), a sua finalidade primeira, a comunhão. "Ninguém jamais conheceu a Deus", mas o batizado o vê e o conhece ao confessar e crer em sua manifestação no Filho.

O amor como responsabilidade para com o outro é o sinal característico e o conteúdo fundamental da revelação cristã. É a mensagem ouvida "desde o princípio" (3,11), é o principal mandamento de Deus (3,23), é a "Palavra da Vida" (1,1-4) e por excelência (2,7-8). Por conseguinte, permanecer em Deus é morar em Deus e ele em nós, de modo permanente, ou seja, Deus faz em nós sua morada; estamos unidos permanentemente em Cristo e, assim, estamos constantemente em sua presença. Esse permanecer em Deus não é uma experiência abstrata ou mero espiritualismo, mas é expresso no amor fraterno, e esta é também a forma de professar a fé em Cristo (1Jo 4,13-14). Portanto, nesse v. 12 novamente há a conexão entre o mandamento de crer em Jesus Cristo e de amar o próximo; e, se amarmos, seremos plenificados pelo amor de Deus (perfeição).

A fórmula "permanecemos nele e ele em nós" nos remete à promessa da presença de Deus no meio do povo e à Nova Aliança. Ela também confirma o que é revelado em Jo 1,14, quando declara que é da iniciativa de Deus enviar seu Filho para habitar em nosso meio e em nós. Isso é reforçado com a menção ao Espírito Santo, baseada em Jo 14,15-24, no qual é descrito a promessa da vinda do Espírito. Essa promessa está presente em Ez 36,26, quando o dom do Espírito é assegurado ao povo de Israel num contexto de nova comunhão, de Nova Aliança e Nova Criação. O tema do Espírito Santo nos remete a 1Jo 3,24, quando esse dom era concedido ao fiel como sinal visível da comunhão, da unidade.

Assim, temos duas provas visíveis da realidade invisível da comunhão com Deus: o amor para com o próximo e o dom do Espírito.

Esses elementos nos reportam à Tradição da Presença no AT, quando os autores tentavam reconciliar a transcendência de Deus com sua proximidade e afirmavam que Deus permanecia em vários lugares, tornando-se presente e deixando-se encontrar (Lv 1,1), como: a Tenda da Encontro, o Templo, a Torá. Em 1Jo, o autor diz que Deus se torna presente em Jesus, "vindo na carne" (1Jo 4,2), na experiência redentora do Mistério Pascal (v. 10) e na presença vivificante do Espírito (v. 13). Todas essas são expressões da proximidade de Deus. Assim, é possível confessar que o desígnio divino de salvação tem lugar nas vicissitudes humanas e o envio do Filho é a manifestação da presença divina na história. É o novo e definitivo lugar da presença de Deus. Por isso, a comunidade que confessa que Jesus é o Filho de Deus é chamada a viver o amor como responsabilidade pelo outro, que é a única forma de manter sua presença em nosso meio.

Como mencionamos antes, a permanência de Deus em nós nos remete às promessas de "Deus conosco" presente na tradição profética (Ez 37,26) e nos outros textos do AT.[10] Mas, antes de refletirmos sobre essa comunhão, é necessário aprofundarmos o v. 14, que também retoma elementos do Evangelho segundo João (3,17; 4,42; 12,47), ao afirmar que "nós vimos e testemunhamos que o Pai enviou seu Filho como Salvador do mundo". No AT, observa-se que Deus escolhia alguns lugares nos quais

---

[10] Cf. Dt 18,15.18-19; 32,47; Ex 23,20-33 e 33,2.

ele se manifestava. Nesses lugares, era possível "ver sua glória", conforme referido. O povo, ao se aproximar desses lugares, redescobria a manifestação da fidelidade de Deus na história e tomava consciência de que era povo eleito e escolhido por Deus. Essa dimensão comunitária está presente no plural "vimos" e "testemunhamos" (v. 14), mas também no "reconhecemos" e "permanecemos" (v. 13). Esse "nós" refere-se a todos aqueles que veem em Jesus a presença e a revelação do amor do Pai e estão dispostos a amar o outro. Essa unidade, conforme o texto rabínico citado, certifica que a comunidade é formada de pessoas redimidas que, por isso, podem receber a permanência de Deus, representada pela vinda do Espírito Santo.

O verbo *theáomai* (θεάομαι), utilizado no v. 14, pode ser traduzido por "ver", no sentido de maravilhar-se diante daquilo que está sendo visto, de "encantar-se", de "contemplar", de "examinar". O acento não está no ato de ver, mas no objeto que é contemplado. Ele é típico da literatura joanina.[11]

A possibilidade de "contemplar" está relacionada com a iniciativa de Deus de enviar o Filho de forma gratuita, para revelar o seu amor para com a humanidade (vv. 9.10.14; cf. Jo 1,14c; Ex 24,16; Ez 9,3; 11,23; Is 13,14-15).

No AT, o "contemplar" expressa o desejo do antigo Israel de ver a glória de Deus, que é a manifestação de sua presença (Ex 33,11.18-19) num modo acessível à experiência humana.[12] Essa manifestação é, muitas vezes,

---

[11] Cf. Jo 1,14.32.38; 4,35; 6,5; 11,45, e em 1Jo 1,1; 4,12.
[12] BRITO, J. R. de. *O Senhor está neste lugar e eu não sabia*: Teologia da Presença. São Paulo: Paulinas, 2005. (Bíblia em Comunidade. Teologias Bíblicas, 4).

associada com o termo "luz"[13] (cf. Es 13,21; Is 60,1-3) e objetiva a salvação do povo (Is 58,8). Um texto que reúne tanto a vinda de Deus como o contemplar a glória divina é Ex 33,18-23, que tem como contexto a experiência exodal, na qual o povo libertado do Egito e conduzido ao monte Sinai escuta e recebe a Lei e estabelece com Deus uma Aliança, com a qual se compromete a seguir os mandamentos. Moisés novamente vai à montanha para receber as orientações sobre a construção do Tabernáculo e o povo constrói o bezerro de ouro. Deus se irrita e Moisés intercede, pedindo para ver a glória de Deus, isto é, ver a manifestação da presença de Deus na história do seu povo. Presença já manifestada no Mar Vermelho (Ex 14,4.17-18), no deserto, no dom do maná (Ex 16,7.10), no Sinai (Ex 24,16.17), na Tenda do Encontro, e que depois será revelada no Templo (Ex 40,34-38; 29,42-43; 1Rs 8). Portanto, pedir para ver a glória é pedir para ver Deus presente no meio do povo, é ter a certeza de que Deus não abandonou seu povo.

Ao recolher estes elementos veterotestamentários e confrontá-los com 1Jo 4,12-15, podemos dizer que Deus revela em seu Filho, em sua fragilidade, a sua presença amorosa na história. Nesse sentido, é importante ressaltar a relação existente entre "contemplar" e "crer". Ao contemplar Jesus Cristo, a comunidade é capaz de testemunhar que o Pai o enviou para ser o "salvador do mundo"[14] (v. 14). Contemplar o Filho nos leva à profissão de fé na ação salvífica de Deus (Jo 1,1-4).

---

[13] Cf. Ex 19,21; Lv 16,2; Nm 4,20; Gn 32,11; Ex 3,6; Jz 6,22-23; 13,22-23; 1Rs 19,13; Is 6,5.

[14] Apresentar Jesus como o "salvador do mundo" tem um paralelo com Jo 4,42, mas, sobretudo, com a literatura lucana (Lc 2,11; At 5,31; 13,23).

Desse modo, a encarnação não é mero instrumento pelo qual se é revelado o amor de Deus, mas sua humanidade é a manifestação histórica do projeto de Deus-Amor e Salvador (1Jo 4,8.14). A pessoa, ao contemplar e confessar que Jesus "vindo na carne" é o Cristo, acolhe a salvação. Dessa forma, a salvação não é qualquer coisa que acontece no futuro, mas está na adesão atual a Jesus. Essa salvação vem para toda a humanidade (1Jo 4,14; cf. Sl 97,6; Jo 2,11; 8,56; 12,41.42), sendo também o cumprimento da promessa universal da manifestação de Deus e do "permanecer nele e ele em nós". Isso é confirmado ao se retomar a origem divina de Jesus (v. 15) e sua unidade com o Pai. Também nos remete à "promessa do Deus conosco" e do seu plano em congregar todas as nações, implícito nos vv. 13 e 16. Por conseguinte, a vinda de Jesus, a oferta de sua vida, a comunhão são formas de concretizar esse projeto, que é o de salvar toda a humanidade. A declaração de que "Jesus é Salvador do mundo" pode ser também interpretada como sendo Cristo o único que liberta o batizado da morte, do pecado, das trevas, da mentira, ou seja, de tudo que se opõe ao Reino de Deus, considerando-se a concepção de "mundo" que perpassa 1Jo. É importante ressaltar que Jesus é aquele que salva o batizado do "mundo", mas no mundo.

Portanto, o autor enfatiza a manifestação do Deus invísivel na fragilidade, na vulnerabilidade de Jesus. Podemos dizer que quem contempla a humanidade de Jesus e professa que ele é o Filho de Deus (v. 15), experimenta a revelação do Pai e sua ação salvífica. Jesus é o dom salvífico de Deus enviado ao mundo, um dom escatológico, e cumpre a promessa de Deus ao permanecer em nosso meio e em nós. Ele é o lugar do encontro entre Deus e a humanidade,[15] da salvação, e conduz todos para si (1Jo 4,13-14.17).[16] Deus não somente permanece entre nós, mas permanece em nós; nesse sentido, reporta-nos à descrição da Nova Aliança em Jr 31,31-34, confirmando também que a comunidade é sinal visível do amor de Deus invisível.

É retomada a necessidade de professar que Jesus é o Filho de Deus (v. 15), ou seja, essa manifestação nos interpela a uma tomada de decisão, de adesão e fé. A proclamação da fé na unicidade de Deus parte da relação amorosa, da comunhão, da unidade entre o Pai e o Filho, enfatizando a presença divina no mundo e a proximidade de Deus.

O tema central abordado nos vv. 17-18 é a relação entre o amor e o medo. Aquele que vive a perfeição do amor e confia no amor de Deus na história e no fim dos tempos não tem medo do julgamento final. Constata-se a antítese entre a perfeição (v. 17) e a imperfeição do amor (v. 18).

Aquele que ama não teme a chegada do "dia do juízo", pois Deus permanece nele e ele em Deus (4,16), e porque, por meio do seu comportamento, demonstra ser filho de Deus (v. 17). O autor parece afirmar que a finalidade, a meta do desígnio do amor do Pai, é conduzir todos à salvação. O fiel que ama, no juízo final, poderá ser livre e confiante diante de Deus, pois seu desígnio salvífico não é algo que acontecerá somente no futuro, mas já se inicia na vida cotidiana. Essa salvação consiste

---

[15] Cf. Jo 6,51; 11,51-52; 12,24; 18,14.
[16] Cf. Jo 12,32-33; 3,14-15.

na capacidade de o ser humano abrir-se, sair de si mesmo para o outro, libertar-se do autorreferimento para a capacidade de ir ao encontro do outro e permanecer em comunhão. Essa saída de si para se abrir ao outro gera a vida,[17] que atingirá sua plenitude na vida eterna.

No final do v. 17 nota-se a sintonia entre Jesus, que vive em Deus a perfeição do amor, e o fiel, que, após o Batismo, já vive o amor levado à perfeição, ao crer no Filho e ao amar o próximo.

No v. 18, o "medo" é enfatizado, por ser repetido quatro vezes, mas com a finalidade de evidenciar o primado do amor (1Cor 13,8-13). O medo é o castigo, pois é incompatível com a perfeição do amor,[18] e não permite o envolvimento total nesse amor, que é o próprio Deus.

A frase do v. 19 retoma o que foi afirmado no v. 10. Aliás, em toda essa perícope, após alguns versículos dedicados à argumentação, é inserida uma frase para sintetizar o que foi dito e, ao mesmo tempo, introduzir o conteúdo que será aprofundado, como ocorre neste v. 19. O autor afirma que, para nós, é dada a possibilidade e a capacidade de amar, sem especificar se o objeto do amor é Deus ou o próximo, porque Deus nos amou primeiro, ressaltando que a iniciativa e a origem do amor é Deus, mas a finalidade dessas afirmações é o agir daquele que segue Jesus Cristo e se deixa amar por Deus (1Jo 4,8.16).

A invisibilidade de Deus, já referida no v. 12, é retomada no v. 20, porém para provar que não é possível amar a Deus, a quem não vemos, e odiar o irmão

---

[17] INFANTE, L. Uma catechesi sull'*agápē*. *Rivista di Scienze Religiose*, Puglia, v. 2, p. 261-262, 1988.
[18] TILBORG, As Cartas de João, p. 258.

diante de nós. Amar o irmão deveria ser mais fácil do que amar a Deus, mas quem, ao contrário, não ama seu irmão, não pode também amar a Deus. Quem age dessa forma, como indicado anteriormente, comprova que não pertence a Deus, não pertence à verdade, mas à mentira. De fato, amor e ódio são inconciliáveis e há uma comunhão indissolúvel entre Deus e o irmão.

Somos também interpelados a buscar, na Palavra de Deus, o sentido, a iluminação para nossas ações humanas no campo social, comunitário e eclesial. Ações essas que não são vistas meramente como humanitárias, mas como a expressão do encontro experiencial com Deus. Essa experiência reflete-se na coragem de trilhar um processo de seguimento, de identificação com Jesus Cristo, de resistir, e na capacidade de transformar os fatos do cotidiano em experiências de libertação, de defesa da vida, lutando contra todos os mecanismos de morte, do pecado, do maligno. Para isso, é necessário ser tocado por dentro, afetado pela presença de Deus, pela experiência de "Jesus vindo na carne", pela comunhão. Dessa experiência desabrocha a caridade, o amor que move a vontade na busca efetiva do bem, da prática da justiça. Deus, que nos amou primeiro, na total gratuidade (1Jo 4,19), espera que nossa resposta ao seu amor seja também de gratuidade e benevolência. Isso exige de nós compromisso social, ou melhor, engajamento profético, pois nasce desse envolvimento com o projeto do Reino e de Jesus Cristo, eixo unificador de nossa ação evangelizadora. Dessa forma, somos capazes de viver em comunhão e nos inserir no mundo como testemunhas da caridade.

O v. 21 conclui essa perícope (1Jo 4,7-21) sintetizando o conteúdo abordado e unindo o amor para com Deus e para com o próximo num só mandamento (cf. Dt 6,5, Lv 19,18 e Mt 22,34-40). Assim, o amor a Deus nos conduz ao amor fraterno.

O cristão é chamado a conhecer (4,6.7), a amar (4,21) e a permanecer em Deus, mas a comunhão com Deus, apesar de ser possível, é iniciativa dele, sendo mediada pela fé em Jesus Cristo (4,15) e pelo amor fraterno (4,7-8.12.16.20). O autor exorta contra os falsos profetas, oferece critérios para o discernimento (4,1-3) e assegura que a comunidade é de Deus. Nessa perícope há uma concentração de afirmações sobre Deus, sendo caracterizada pela dimensão teológica, mas também antropológica e soteriológica, por ter como um dos temas a salvação da humanidade.

## 6.2 CRER EM JESUS CRISTO: 1Jo 5,1-17

Esta última seção, desta IV parte, sintetiza o conteúdo da carta, ao unir o tema da fé em Jesus Cristo, o ser gerado por Deus, e do amor. São retomadas as relações entre o amor para com Deus e para com o irmão (vv. 1-3) e a observância dos mandamentos (vv. 2-3). O v. 5 está em sintonia com o conteúdo do v. 4, ao reafirmar a vitória sobre o mundo. No v. 6 é introduzido o tema do "testemunho de Deus", sendo o argumento principal tratado nos vv. 7-13. A certeza da confiança diante de Deus e de ter os pedidos atendidos é a temática dos vv. 14-17, como resultado da observância dos mandamentos crer e amar, aprofundados nos vv. 1-10. O autor diz o seguinte:

¹Todo aquele que crê que Jesus é o Cristo foi gerado de Deus, e todo aquele que ama aquele que gerou, ama também aquele que dele foi gerado. ²Nisto reconhecemos que amamos os filhos de Deus: se amamos a Deus e praticamos seus mandamentos. ³De fato, este é o amor de Deus: que guardemos seus mandamentos, e seus mandamentos não são pesados. ⁴Tudo o que foi gerado de Deus vence o mundo, e esta é a vitória que venceu o mundo: a nossa fé. ⁵De fato, quem é o vencedor do mundo, senão aquele que crê que Jesus é o Filho de Deus? ⁶Ele é aquele que veio pela água e sangue: Jesus Cristo. Não somente na água, mas na água e no sangue. E é o Espírito que testemunha, porque o espírito é a verdade. ⁷São três os que testemunham: ⁸o Espírito, a água e o sangue, e os três convergem para um só. Se aceitamos (recebemos) o testemunho dos homens, o testemunho de Deus é maior. ⁹Esse é o testemunho que Deus deu a respeito do seu Filho. ¹⁰Quem crê no Filho de Deus tem em si mesmo o testemunho; quem não crê em Deus faz dele um mentiroso, porque não crê no testemunho que Deus dá a respeito do seu Filho. ¹¹E este é o testemunho: Deus nos deu a vida eterna, e esta vida está no seu Filho. ¹²Quem tem o Filho tem a vida; quem não tem o Filho de Deus não tem a vida. ¹³Isso vos escrevi para que saibais que tendes vida eterna, vós que credes no nome do Filho de Deus. ¹⁴E esta é a confiança que temos diante dele: se lhe pedimos alguma coisa segundo sua vontade, ele nos ouve. ¹⁵E, se sabemos que ele nos ouve quanto ao que lhe pedimos, sabemos que já temos aquilo que lhe pedimos. ¹⁶Se alguém vê seu irmão cometendo um pecado que não conduz à morte, pedirá por ele, e Deus lhe dará a vida, isto é, àqueles que cometerem pecado que não conduz à

morte. Há pecado que conduz à morte, não é a respeito deste que digo que se ore (peça). [17]Toda injustiça é pecado, mas há pecado que não conduz à morte.

## 6.2.1 Crer e ser gerado por Deus: 1Jo 5,1-5

Potterie[19] estrutura os vv. 1-4 de forma concêntrica, mas podemos também acrescentar o v. 5, por retomar o argumento do v. 4 e sintetizar os versículos anteriores, criando a seguinte estrutura:

| A | [1]Todo aquele que crê que Jesus é o Cristo |
|---|---|
| B | foi gerado de Deus, e todo aquele que ama aquele que gerou, ama também aquele que dele foi gerado. |
| C | [2]Nisto reconhecemos que amamos os filhos de Deus: se amamos a Deus e praticamos seus mandamentos |
| C' | [3]De fato, este é o amor de Deus: que guardemos seus mandamentos, e seus mandamentos não são pesados. |
| B' | [4]Tudo o que foi gerado de Deus vence o mundo, e esta é a vitória que venceu o mundo: a nossa fé. |
| A' | [5]De fato, quem é o vencedor do mundo, senão aquele que crê que Jesus é o Filho de Deus? |

Os argumentos deste bloco já foram abordados nas perícopes anteriores, como a fé em Jesus Cristo, como sinal de ser gerado por Deus; o amor para com Deus e pelos irmãos (4,20-21); a necessidade de observar os mandamentos (3,14); e a vitória de Deus sobre o mundo (4,4). Esta última seção estabelece também uma coligação com os temas de 1Jo 2,28–4,6, que aprofundava

---

[19] DE LA POTTERIE, L'amore per Dio-Padre, p. 203.

a comunhão com Deus expressa como filiação divina e a relação entre amar a Deus e ao irmão, abordada em 4,7-21.

Há uma conexão entre a fé em Deus e o amor para com Deus e para com o irmão (v. 1), ao criar um paralelo entre as duas frases: 1) todo aquele que crê e 2) todo aquele que ama. Todo aquele que crê no Messias Jesus ama a Deus e o próximo, é gerado por Deus e tem forças para vencer o mundo (vv. 4-5). A fé e a caridade estão fundamentadas na única e definitiva vitória de Cristo sobre o mundo, que é sua morte e ressurreição, da qual o fiel torna-se participante por meio do Batismo. A preocupação central dessa perícope não é a de definir a identidade de Jesus, ou seja, quem é Jesus em si, mas quem é Jesus para cada membro da comunidade.

O "ser gerado por Deus" é um conceito que perpassa 1Jo. Ao recolhermos as ocorrências dessa expressão, podemos dizer que: aquele que é gerado por Deus não comete pecado (3,9), vence o mundo (5,4), pratica a justiça (2,29), ama (4,7), crê (5,1) e se deixa guiar pela Palavra de Deus que permanece nele (3,9). Por isso, aquele que é gerado por Deus, no Batismo, recebe os dons escatológicos de não pecar e torna-se vencedor do mundo. Ter em si a vida de Deus (3,9) indica a presença em nós de um novo germe de vida impregnado do dinamismo de Deus, que nos concede a capacidade de agir como ele (2,29; 3,10). O ser gerado tem um início (Batismo), mas exige um processo de transformação no decorrer de toda a vida. A impecabilidade é fruto da plena união com Cristo, ou seja, da vida filial.

Amar a Deus e ser gerado por ele são praticamente equivalentes (v. 1), pois amar a Deus é o comportamento daquele que é filho de Deus, daquele que vive em comunhão com o Pai e com o Filho de Deus, Jesus Cristo. O amor ao próximo e o amor a Deus estão estritamente unidos, pois o amor a Deus aprofunda, ilumina e purifica o amor ao próximo. Esse amor é a manifestação comunitária, o critério e a confirmação de que somos filhos de Deus e irmãos entre nós. Há, portanto, uma circularidade do amor.[20]

O amor para com o irmão é a prova de que realmente amamos a Deus e cumprimos seus mandamentos (v. 2). Analisando de forma superficial, parece um círculo vicioso. Mas, ao aprofundar esse versículo, percebemos que o autor cria uma junção entre esses elementos, teologicamente inseparáveis, e é perceptível a afinidade com a Teologia da Aliança. Apesar de ter como ponto central o amor, percebe-se que há duas condições: "crer que Jesus é o Cristo" e "ser gerado por Deus", ou seja, crer que Jesus Cristo é o mediador salvífico.

O argumento exposto em 1Jo 5,1-2 é confirmado no v. 3, ao estabelecer uma interligação entre o amor de Deus e a prática dos mandamentos, servindo de motivação para o v. 2. Os mandamentos não são pesados (Dt 30,11; Mt 11,28-29), porque a fé já venceu o mundo (vv. 4-5; 1Jo 2,15; Jo 16,33; 17). Por isso, não depende do nosso esforço, mas de nosso permanecer em Deus, de sermos filhos de Deus e de nossa fé (v. 4). Essa fé consiste em acreditar no amor de Deus, que é revelado

---

[20] DE LA POTTERIE, L'amore per Dio-Padre, p. 215.

em Jesus Cristo, mas também em ser obediente à vontade de Deus (mandamentos).

1Jo 5,5 remete ao discurso de despedida de Jesus no Evangelho segundo João (16,25-33), comprovando que a vitória sobre o mundo está fundamentada na morte e ressurreição de Jesus Cristo. É um versículo que serve de dobradiça, pois está vinculado com os vv. 1-4 e abre o tema da profissão de fé em Jesus Cristo, que será abordado nos vv. 6-17. A fé é mencionada nos vv. 1-5, porém o enfoque é o amor.

### 6.2.2 O testemunho da água, do sangue e do Espírito: 1Jo 5,6-17

O foco desses versículos está nos testemunhos de fé em Jesus, que, segundo o autor, só serão possíveis pelo testemunho de Deus.

Os argumentos são elaborados de forma paralela. O primeiro tem como finalidade assegurar ao cristão que sua fé tem fundamento sólido, pois está alicerçada nas obras de Jesus (v. 6a), no Espírito Santo concedido aos fiéis (vv. 6b-8) e no Pai (vv. 9-10). O Pai dá testemunho do Filho e confirma que a vida eterna será doada ao fiel por meio de Cristo (vv. 11-12). Após uma exortação (v. 13), o autor comprova que, pela fé em Cristo, o batizado torna-se participante da vida eterna, e é capaz de interceder pelos membros da comunidade (vv. 14-17). Com isso, podemos compreender que o conteúdo é a fé em Jesus Cristo (aspecto objetivo) e esse crer tem dois efeitos: o vencer o mundo (v. 5) e a vida (v. 13). Os argumentos nos vv. 6-13 confirmam a profissão de fé descrita nos vv. 5 e 13, por meio do testemunho da água, do sangue, do Espírito (vv. 6-8), e do testemunho supremo, que é o do Pai (vv. 9-10). Porém, é necessária a resposta do fiel (vv. 11-12), aderindo e acreditando nos testemunhos dados.

O fiel é convidado a crer que Jesus humano, morto e crucificado, é o Filho de Deus (vv. 5.13) e que a revelação do Pai é manifestada em sua missão. Isso tem início com seu Batismo e termina na entrega total de sua vida, assumindo a morte de cruz, por fidelidade ao projeto do Pai.

O tema é introduzido com uma frase que se refere à dupla modalidade da vinda de Cristo: na água e no sangue (v. 6). Há várias explicações para esse binômio, predominando aquelas que fazem associação entre o v. 6, Jo 19,34 e a interpretação sacramental, relacionando a água ao Batismo e o sangue à Eucaristia. Apesar de a explicação sacramental ser sugestiva, o problema está em restringir a alusão da Eucaristia ao sangue, dado que na Eucaristia o "corpo" é um elemento fundamental, e não somente o sangue. Outros comentadores defendem que seria uma frase para opor-se à tendência docetista (que desprezava a humanidade do Filho de Deus), que começava aparecer no interno da comunidade. Há outros que sustentam que o autor deseja, por meio desses sinais, falar da encarnação, sobretudo, do Batismo ("água") e da morte de Jesus ("sangue"), a fim de reafirmar o valor salvífico da vinda do Filho "na carne". De fato, a água pode referir-se ao Batismo de Jesus, quando a voz do céu certifica que Jesus é o Filho de Deus. O sangue no NT normalmente é utilizado como metonímia para indicar a morte violenta,[21] sobretudo, a morte salvífica de Cristo.[22] Ambos reportam ao canto do Servo do Senhor. O Batismo nos remete a Is 42,1 (LXX) e se une com o último cântico do Servo descrito em Is 52,13–53,12. O Batismo e a morte são também momentos de manifestação da filiação (Jo 1,29-36) e do messianismo de Jesus (Jo 19,28-30). É o início da missão (Batismo) e o seu cumprimento, abarcando a totalidade de sua vida e missão. Por isso, essa última consideração parece ser a mais viável, pois ajuda a entender por que o Espírito Santo, nesse versículo, é chamado de "testemunha" (Jo 1,32-34; 14,17; 15,26-27; 16,13), e por estabelecer uma relação entre água, Espírito (Jo 1,33; 3,1-10) e sangue (19,30-36). Esses dois elementos, além de nos reportar a dois episódios importantes para nossa fé (o Batismo de Jesus e sua morte), expressam o significado salvífico desses dois eventos para a vida da comunidade. Tais eventos também marcam a vida do batizado, pela adesão a Cristo Jesus, como Filho de Deus, e, ao ser mergulhado nesse mistério pascal do Senhor por meio do Batismo, o cristão é chamado a pautar seu agir nessa fé teológica, cristológica e pneumática.

Os fundamentos da profissão de fé são aprofundados nos versículos seguintes. Inicia-se declarando que o Espírito, a água e o sangue dão testemunho de Jesus (v. 7). O testemunho de duas ou três pessoas é uma exigência prescrita em Dt 17,6; 19,15. Dessa forma, o autor deseja comprovar que o testemunho dado é válido. Mas,

---

[21] Mt 23,35; 27,6; At 20,26; Hb 12,4; Ap 16,6.
[22] Mt 26,28; At 5,28; 20,28; Rm 3,25; 5,9; Ef 1,7; Cl 1,20; Hb 9,14; 1Jo 1,7.

diante dessa afirmação, a pergunta é: como o Espírito, a água e o sangue podem testemunhar Jesus Cristo? O Espírito é definido como verdade, sendo essa ligação algo característico da literatura joanina (Jo 14,17; 15,26; 16,13; 1Jo 4,6). Também é recorrente a relação entre o Espírito, como aquele que dá testemunho a favor de Cristo (Jo 15,26; Rm 8,16; 9,1).

Embora haja diversos modos de interpretar a junção desses três elementos, o único texto no qual eles ocorrem é Jo 19,30-34, quando Jesus, ao entregar seu espírito, é transpassado e jorra sangue e água. Implicitamente podemos perceber uma alusão a esses elementos nas narrativas da aparição de Jesus para seus discípulos, após a ressurreição (Jo 20,20-22). O Espírito, a água e o sangue simbolizam a vida doada de Jesus (Jo 4,6-15; 7,38-39) em sua morte, ressurreição e no dom do Espírito. O Espírito representa também a salvação, dada ao mundo por meio da morte redentora de Jesus, e a manifestação de que ele é verdadeiramente o Filho de Deus e o Messias esperado. Jesus é o preexistente que deveria vir e o Cordeiro de Deus que tira o pecado do mundo, identificando-se sua morte com o sacrifício de expiação dos pecados (1Jo 2,2; 4,10).

Há ainda aqueles que afirmam que os três símbolos (água, sangue e Espírito) estão relacionados à purificação (água), à redenção (sangue) e à santificação (Espírito),[23] aspectos que ocorrem também na morte e ressurreição de Jesus Cristo e são referidos no Batismo.

Ao relacionar com o Evangelho Joanino, nota-se a afinidade com o discurso de despedida de Jesus, no

---

[23] STOTT, *I, II e III João*, p. 154.

qual ele promete que o Espírito continuará dando testemunho das suas palavras e ações (Jo 15,26). Nesse contexto, o Espírito é enviado pelo Pai (Jo 14,16.26-27), dá testemunho a favor de Jesus e capacita os discípulos a darem também seu testemunho diante dos tribunais (mundo).[24]

Os testemunhos da água, do sangue e do Espírito são assegurados e convergem para um único testemunho, o de Deus Pai (vv. 9-10; Jo 5,31-40; 8,12-20). A acolhida deste testemunho depende da fé, de acreditar nos seus sinais e palavras, ou seja, do testemunho que Deus dá do Filho no decorrer da história (Jo 1,6-8; 5,33-45; 10,25; 15,19-34).

O autor prossegue explicando que o testemunho dado por Deus é maior que o testemunho humano (v. 9), mas acolhê-lo depende de uma comunhão profunda entre o fiel e o Pai, pois supõe agir conforme o Filho, realizando a vontade divina, que consiste em amá-lo e amar os irmãos (Jo 5,36).

Portanto, quem não acolhe o testemunho do Pai é porque não confia em suas palavras, considerando Deus um mentiroso. Essa expressão ocorreu em 1Jo 1,10 com a finalidade de enfatizar o absurdo daquele que não crê nas palavras de Deus. Mas aquele que acolhe tal testemunho tem, como consequência, a vida eterna doada pelo Pai (vv. 11-12).

Com o uso do verbo "possuir" nos vv. 10-12, declara que o fiel possui no mais profundo de seu ser Aquele que dá testemunho (o Pai), Aquele que é testemunhado (o Filho) e o dom, que é a Vida. A fé não é uma simples

---

[24] BEUTLER, *Evangelho segundo João*, p. 373-374.

confiança, mas é um dom, pois somente essa fé é capaz de conceder a vida eterna e de tornar o batizado participante da vitória de Cristo. Assim, a vida eterna é uma graça, e a única condição para recebê-la é acreditar em Jesus Cristo, o Filho de Deus.

Observa-se que a fé não é somente um encontro com o Filho de Deus, mas abarca também acreditar no projeto de Deus Pai manifestado na missão salvífica de Jesus (água e sangue), no testemunho do Pai e do Espírito. O efeito dessa fé é a salvação, pois Jesus é a única fonte de vida.

O objetivo da carta é explicitado no v. 13, ao assegurar que aquele que crê no Messias Jesus tem a vida eterna (cf. Jo 20,31). O autor de 1Jo apresenta que a finalidade principal é o verdadeiro conhecimento do Filho de Deus ("para que saibais") e que já tem a vida eterna. Essa frase em 1Jo 5,13 nos coloca no coração da fé e da esperança cristã e defende que a eternidade já está presente na experiência daquele que acredita no sentido salvífico do acontecimento pascal do Messias Jesus, e também que ele é o Filho de Deus. A vida eterna é um contínuo peregrinar de morte e ressurreição, vividas com Cristo e em Cristo, como realidades que fazem parte da vida cristã, dado que nos tornamos participantes do Mistério Pascal do Senhor. Toda pessoa que tem como fundamento existencial a fé no Filho de Deus, vive uma antecipação da comunhão e da alegria do encontro definitivo com o Senhor. Porém, como diz o autor de 1Jo, professar a fé no Filho está intrinsecamente ligado à comunhão fraterna, que é cumprir a vontade do Pai.

Para alguns comentadores, a confiança de que o fiel será ouvido em seus pedidos (vv. 14-15) é marcada por um caráter escatológico, ou seja, se um irmão cometer algum pecado, outro fiel poderá interceder pelo irmão em pecado para que receba a vida eterna. Na comunidade cristã primitiva, qualquer pessoa pode interceder pela outra (1Ts 5,25; Hb 13,18), pedindo até mesmo pelo perdão dos pecados (vv. 14-15; Tg 5,15), graças à sua comunhão com Deus. É uma novidade, dado que no judaísmo a oração de intercessão era reservada a personagens importantes, como os Patriarcas (Gn 18,23-32; 20,7), Moisés (Ex 32,11-14; 34,8-9), os profetas (Am 7,1-6; 2Rs 19,4; Jr 42,2-4) e os mártires (2Mc 7,37-38).[25]

A "confiança" (*parresía* – παρρησία) é um termo que aparece no decorrer da carta e é uma atitude do fiel diante de Deus no fim dos tempos, ou seja, ela assume um caráter escatológico, conforme 2,28 e 4,17, mas também pode ser a liberdade de falar com Deus. Essa confiança surge da certeza de que o batizado é filho de Deus (3,2), teve sua vida marcada pelo amor (4,17), observou os mandamentos, e de que seu pedido de oração corresponde à vontade de Deus (3,22). Um exemplo concreto de oração atendida é aquela quando a comunidade intercede em prol de um irmão que cometeu um "pecado que não conduz à morte" (v. 16). Desse modo, o autor retoma o tema do pecado abordado em 1Jo 1,8–2,2 e 3,4-10.

Nessa perícope são classificados dois tipos de pecado: os mortais e aqueles que não conduzem à morte. Quanto à identificação dos pecados mortais, há uma variedade de sugestões. Alguns comentadores afirmam que deve ser

---

[25] SCHNACKENBURG, *Cartas de San Juan*, p. 299.

um pecado específico, dado que na lei mosaica existiam alguns pecados que tinham como sentença a morte física (Lv 20,1-27; Nm 18,22), que eram os delitos cometidos voluntariamente, distintos daqueles que eram involuntários (Lv 4–5 e Nm 35) e que não tinham a mesma sentença dos primeiros. Há aqueles que utilizam como intertextualidade os textos de *Qumran* (1QS 10,19ss ou 1QS 1,3s).[26] Existem também comentadores que afirmam que 1Jo está se referindo à morte como perda da vida eterna doada por Deus, e não à morte física.

Outros a associam com o pecado contra o Espírito, mencionado nos evangelhos sinóticos (Mc 3,26-30; Mt 12,22-32), e com os chamados "pecados que não têm perdão", referidos em Hb 6,4-6; 12,16-17, os quais, nesses contextos literários, e na literatura judaica, seriam os pecados relacionados à apostasia. Outros estudiosos defendem que são os pecados que não foram perdoados pela falta de arrependimento do pecador. Entre essas opções, destacam-se duas: a) o pecado contra o Espírito Santo e b) os pecados que não têm perdão, elencados na literatura judaica.

O pecado contra o Espírito Santo pode ser interpretado como a ruptura da comunhão com Deus e com a comunidade, por negar-se o caráter salvífico de Cristo, o Filho de Deus, ou seja, não crer no Messias Jesus. Essas pessoas, conforme 1Jo, pertencem ao mundo e ouvem sua voz; portanto, não fazem parte da comunidade e não observam os dois mandamentos principais elencados nessa carta: crer no valor salvífico de Jesus Cristo e praticar o amor fraterno. Assim, o pecado que conduz à morte

---

[26] SCHNACKENBURG, *Cartas de San Juan*, p. 301.

é não acreditar na vida revelada em Jesus Cristo e não aceitar o Filho de Deus no meio da comunidade e as consequências da adesão a ele, não se empenhando em construir o Reino de Deus.

Os pecados que não têm perdão no judaísmo são: a idolatria, o homicídio e a não observância das leis referentes à sexualidade (Lv 18). Esses pecados estão associados aos pecados chamados "das origens", pois remetem às narrativas de Gn 1–11, sendo a idolatria, o pecado de Adão e Eva (Gn 3,1-24) e dos construtores da Torre de Babel (Gn 11,1-9); o homicídio é o pecado de Caim (Gn 4,1-16) e os pecados referentes à sexualidade seriam os dos relatos da queda dos anjos (Gn 6,1-4) e da nudez de Noé vista pelos seus filhos (Gn 9,21-28).[27] Ao analisar essas possibilidades, percebemos que não há incompatibilidade, tendo presente os argumentos descritos em 1Jo. De fato, se considerarmos o pecado de Caim, mencionado em 1Jo 3, há uma radicalização do homicídio, ou seja, assassino não é somente aquele que mata fisicamente, mas aquele que não ama seu irmão. Os pecados referentes às normas sexuais e à idolatria podem ser inferidos do não cumprimento dos dois mandamentos: o do amor e do crer em Jesus Cristo. Portanto, a idolatria não é simplesmente não acreditar no Deus Único, mas é não acreditar no amor salvífico de Deus revelado em Jesus Cristo; e os pecados referentes à sexualidade não se restringem às normas sexuais elencadas em Lv 18 ou

---

[27] Confira a obra de COLLINS, J. J. *A imaginação apocalíptica*: uma introdução à literatura apocalíptica judaica. São Paulo: Paulus, 2010. p. 75-131 (Academia Bíblica), e STUCKEMBRUCK, L. T. The book of jubilees and the origin of evil. In: BOCCACCINI, G.; IBBA, G. (Ed.). *Enoch and the mosaic Torah*: the evidence of Jubilees. Grand Rapids: Eerdmans, 2009. p. 294-308.

nos textos de Gn supramencionados, mas podem ligar-se a todo pecado que oprime o irmão. Assim, pode-se considerar a injustiça, a atitude de insensibilidade diante do sofrimento do irmão necessitado, enfim, a ruptura da Aliança. Essas atitudes realmente conduzem à morte, pois rompem a comunhão com a vida, que é concedida ao guardar-se o mandamento novo. Dessa forma, aquele que é gerado por Deus pratica a justiça (v. 17) e crê no Filho de Deus como o único que nos concede a vida em plenitude, a vida eterna.

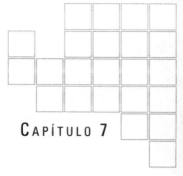

Capítulo 7

# EPÍLOGO: 1Jo 5,18-21

O autor conclui a carta com três frases introduzidas pelo verbo "sabemos" (vv. 18-20), estruturadas de forma antitética, e com uma exortação final para evitar a idolatria (v. 21).

As pequenas unidades contrapõem o estado dos cristãos e o poder do maligno com três ditos sobre a confiança. O autor escreve:

> ¹⁸Sabemos que todo aquele que é gerado de Deus não peca, pois aquele que foi gerado de Deus o guarda, e o Maligno não lhe toca. ¹⁹Sabemos que somos de Deus, e que o mundo inteiro jaz no maligno. ²⁰Sabemos que o Filho de Deus veio e nos tem dado entendimento para conhecermos o verdadeiro, e estamos no verdadeiro, no seu Filho Jesus Cristo. Este é o verdadeiro Deus e a vida eterna. ²¹Filhinhos, guardai-vos dos ídolos.

Apesar de a temática estar intimamente ligada ao conteúdo da perícope anterior (vv. 6-17), o tríplice "sabemos" distingue esta perícope daquela, estabelecendo um contraste com o que é afirmado na anterior. De fato, os vv. 6-17 expõem o conteúdo da fé e o efeito principal, que é o dom da vida eterna; enquanto os vv. 18-21 descrevem o que não conduz à vida: o pecado (v. 18), o mundo, o maligno (v. 19) e a idolatria (vv. 20-21).

Num olhar panorâmico, percebe-se que a conclusão sintetiza todos os temas presentes em 1Jo: o ser gerado por Deus (2,29; 3,9; 4,7; 5,1-4); a contraposição entre ser gerado de Deus e o pecado (3,9); a oposição entre os filhos de Deus e o mundo (2,15-17; 3,13; 4,4-5); a vinda histórica do Filho (1,2; 3,5.8; 4,2.9-10.14; 5,6); a proclamação de Jesus como Filho de Deus (2,22-23; 3,23; 4,15; 5,5), a vida eterna (1,1-2; 5,11-13) e o conhecimento de Deus (2,3.14; 4,6-7). Nota-se um movimento crescente tanto nas afirmações negativas (pecado, mundo, maligno e ídolos) como positivas (Jesus como o ser gerado de Deus; Deus como fonte de nosso ser e o Filho proclamado como "verdadeiro Deus e vida eterna"). O cristão também é descrito de forma crescente, ou seja, ele é gerado por Deus, tem como finalidade conhecer a Deus e permanecer nele.

A primeira frase, no v. 18, refere-se ao conteúdo sobre ser gerado por Deus e a ausência de pecado, aludido em 3,9. Mas também encontramos essa temática no decorrer de 1Jo, quando o ser gerado de Deus está relacionado com a justiça (2,29); associado ao amar a Deus (4,7), está unido com a observância dos dois mandamentos: crer em Jesus Cristo e amar (5,1); e, por fim, traz a certeza de que aquele que é gerado de Deus vence o mundo (5,4). No nosso caso, aquele que é gerado de Deus não peca e, por isso, é guardado por Deus, ele o protege (Jo 17,11.12). Nesse contexto, a expressão "não tocar" (com o verbo grego ἅπτω – *háptō*) deve ser compreendida como não impedir, não exercer nenhum poder contra alguém. Não aparece em nenhum outro livro do NT esse verbo tendo como sujeito o maligno.

A segunda antítese contrapõe aqueles que pertencem a Deus e aqueles que pertencem ao mundo e ao maligno.

O mundo e o maligno representam toda a realidade hostil à vontade de Deus.

A última antítese contrasta o conhecimento da verdade doado por Deus, que é Jesus Cristo, com os ídolos (vv. 20-21). Reconhecer que Jesus é Deus verdadeiro e a vida eterna é característica da literatura joanina (1,1.18; 20,28). A contraposição entre o conhecimento do Deus vivo e verdadeiro e os ídolos, que não são nada, aparece em 1Ts 1,9. Talvez fosse uma fórmula já utilizada nas comunidades primitivas.

Há uma afinidade entre o v. 20 e a Nova Aliança, bem como na relação entre permanecer em Deus e conhecê-lo. Não há um consenso quanto à identificação de quem seriam esses "ídolos". Alguns exegetas defendem que eram as divindades greco-romanas ou os imperadores que se consideravam deuses. Outros interpretam o v. 21 como uma exortação contra a idolatria e uma afirmação da comunhão com Deus por meio de Jesus Cristo (v. 20). Há também aqueles que se apoiam nos escritos de *Qumran*, identificando-os com o pecado.[1] A maioria dos comentadores pensa que seriam os adversários que criaram um cisma (divisão) dentro da comunidade. No decorrer da carta, são chamados de anticristos, falsos profetas, pertencentes ao maligno. Uma justificativa para tal opção é o contexto próximo, com a afirmação do envio de Jesus Cristo e de sua ação salvífica.

Há um paralelo entre o discurso sobre Deus e sobre o cristão, pois, ao mesmo tempo que existe uma relação intrínseca entre Deus e a humanidade, é também verdadeiro que, após a encarnação, historicamente, Deus está ligado ao ser humano.

---

[1] SCHNACKENBURG, *Cartas de San Juan*, p. 314-315.

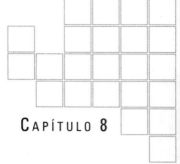

## Capítulo 8
# RECOLHENDO...

Os temas que perpassam a carta são o comportamento cristão, a comunhão com Deus, o amor e a fé. O comportamento cristão é alicerçado na experiência de que Deus é "luz" (1,5) e é "justo" (2,29). O cristão é chamado a exercer dois mandamentos: crer que Jesus é o Filho de Deus e amar o irmão. São descritas várias condições para manter-se em comunhão com Deus, como: caminhar na luz (1,6-7); observar os mandamentos do Senhor (2,3) e de sua Palavra, ou seja, iniciar e dar continuidade ao processo de configuração a Cristo (2,6). De fato, somente aquele que guarda seu mandamento e sua Palavra expressa concretamente o seu amor para com Deus (5,2.3). Essa comunhão é aprofundada ao relacionar-se com a filiação e a exigência em ser filho de Deus. Assim, o cristão é chamado a praticar a justiça (2,29; 3,7), sendo esse o critério para afirmar que realmente essa pessoa é dele e permanece nele (2,29; 3,3.7). Em contraposição, caminhar nas trevas, pecar, indicam que a pessoa pertence ao maligno. Por isso, o autor da carta exorta não somente a evitar o mal, mas também a aprofundar sua relação com Deus, que é amor.

Outra novidade dessa carta é sintetizar a exigência do seguimento a Cristo em dois mandamentos: crer em Jesus Cristo e amar Deus e o irmão. Percebe-se, no decorrer da carta, uma passagem do amor para com o

155

irmão (2,9-11) e para com Deus (2,15), sendo o amor o mandamento novo, fundamentado na doação total e gratuita de Cristo. Essa temática desemboca em 1Jo 4,7-17, quando há a afirmação de que Deus é amor (4,8.16), e sobre a manifestação do amor redentor do Filho e em sua obediência ao projeto do Pai. Nessa perícope, também nos é revelado que o amor é um dom, não depende de nenhum mérito do ser humano, e que é o próprio Deus quem toma a iniciativa de amar-nos. O amor torna-se também o critério para discernir se uma pessoa é gerada ou não por Deus, e pelo qual é possível conhecer quem é verdadeiramente Deus e seu Filho.

O segundo mandamento é a fé em Jesus Cristo, que se contrapõe ao anticristo, ao mundo, ao maligno e aos ídolos. O cristão é convocado a crer em Jesus e ser fiel a tudo aquilo que escutou "desde o início", ou seja, ser fiel ao Evangelho. Esse mandamento é expresso de diferentes formas, revelando os vários títulos cristológicos.

O ato de fé em Jesus Messias, o Filho de Deus, traz como consequência "ser de Deus", "ser gerado de Deus", "vencer o mundo", ter "a vida eterna". Os frutos da fé são: ter a ousadia de apresentar a Deus os próprios pedidos e de interceder por aqueles que cometem pecados que não conduzem à morte. Ou seja, o cristão pode conceder a possibilidade de que o outro tenha a vida novamente, pois Deus ouve os seus pedidos a favor do irmão. Outro fruto é o de permanecer na luz, possuir o Pai e o Filho e experimentar a vida eterna na história, mas também de saboreá-la plenamente na Parúsia. Deus permanece no cristão que observa seus mandamentos (3,24) e que testemunha que Jesus é o seu Filho (4,15); e aquele e aquela, que é filho e filha, permanecem no amor (4,16).

Aquele e aquela que amam a Deus e guardam esses dois mandamentos conhecem, estão em comunhão e permanecem em Deus. São pessoas que experienciam ser redimidas por Deus (fiel, justo e misericordioso), e tornam-se semelhantes a Deus ao serem também justas e amorosas para com o irmão.

Se considerarmos aquilo que é dito das três pessoas divinas, perceberemos que o Espírito aparece como um dom do Pai (3,24; 4,13) e como testemunha do Filho (5,6.8). O Filho é o redentor, aquele que purifica a humanidade por meio da total doação do seu sangue (1,7); é o paráclito (defensor), justo e propiciação dos pecados de toda a humanidade (2,1-2). Ele também é o exemplo de como caminhar para permanecer em comunhão com o Pai (2,6). Jesus Cristo é quem nos concede o dom do mandamento novo, que se fundamenta em sua entrega total e gratuita à vontade de Deus (2,7-8). É a luz verdadeira que resplandece desde o princípio (2,8.13.14). Ele é o Messias, o Filho de Deus, a vida eterna. Há vários elementos que apresentam toda a vida e missão de Jesus, que vai de sua encarnação, seu Batismo, sua morte, até sua ressurreição, e é anunciada a sua vinda gloriosa na Parúsia. O Messias Jesus é o conteúdo da fé (4,2-3; 5,1), é a revelação do amor do Pai, é o Unigênito (4,10) e Salvador do mundo (4,14). O Pai, por sua vez, é "luz" (1,5), habita na luz (1,7), é fiel e justo (1,9), é aquele que purifica os pecados (1,9). É ele quem envia o Filho e o Espírito e acolhe as intercessões do Filho a favor da comunidade (2,1; 5,14-15) e da humanidade. O Pai revela sua vontade, seu amor e se torna conhecido por meio do Filho, sendo inseparável dele (2,22-24). Ele concede ao batizado o dom de ser seu filho e, por iniciativa própria, ama a humanidade. Mas também é Deus Pai que nos revela os dois mandamentos: o amor e a fé. Ele é a origem, a fonte e a meta da humanidade, pois somente ele é amor e é fonte de amor.

O amor de Deus por nós é algo fundamental, pois nos revela quem é Deus, mas também quem somos nós.[2] Para nós, cristãos, o amor é o mandamento novo trazido por Jesus Cristo. Não somente por meio de suas palavras, mas através de sua vida totalmente doada, sendo mesmo capaz de assumi-la até as últimas consequências, que é a morte (Jo 13,1). Assim, o Deus invisível e seu infinito amor se manifestam em Jesus crucificado e ressuscitado (1Jo 4,9).

A Primeira Carta de João é perpassada pela caridade e pela correlação entre a fé em Cristo e o amor ao próximo. Ter fé consiste em acreditar no amor de Deus revelado em Jesus. Por conseguinte, a caridade é expressão da fé num Deus que é amor, no Filho que se entrega por amor e no Espírito que santifica por amor. Porém, não podemos dizer que não haja nada com relação à esperança, pois viver o amor e a fé em Jesus Cristo é, de certa forma, antecipar a vida eterna, que consiste em viver em comunhão com Deus e com o outro, que é nosso irmão.

De fato, o amor se expressa no compromisso de construir comunidades fraternas, marcadas pelo cuidado mútuo, por ações solidárias, pela prática da justiça. O amor e a fé são dons concedidos por Deus, mas também supõem um empenho da comunidade em escutar a vontade de Deus e colocá-la em prática. A

---

[2] BENTO XVI, *Carta Encíclica Deus caritas est*, p. 7.

vivência do amor consiste em sermos sinais do Reino e do seguimento de Jesus em todos os espaços, sobretudo nos espaços públicos, não somente em nossas comunidades, paróquias, igrejas. Ela se expressa na humanização das relações nas experiências cotidianas, sendo uma característica do ser cristão, um estilo de vida; mas que sempre está em processo, sempre pode ser aprimorada. O amor também é algo que abrange todas as potencialidades do ser humano, abarca o ser humano em sua totalidade.

Percebe-se também que 1Jo não deseja somente permanecer num apelo à ajuda caritativa, que é válida, mas exige também uma mudança nas estruturas sociais. Assim, o mandamento do amor é um apelo constante à justiça em todos os âmbitos: social, político, cultural, religioso.[3]

Todo cristão é convocado a se identificar com Cristo, seguir seu projeto, seu caminho de humanização. Somos, assim, chamados a experimentar o mistério do Deus-Amor, por meio de um encontro vital com a pessoa de Jesus e com seu Reino. Encontro esse marcado pelo mistério de se abrir à revelação do Outro, que é o próprio Deus. Além dessa dimensão pessoal, temos a dimensão comunitária, que consiste em comungar a fé aconchegada no regaço da comunidade e mergulhar no mistério pascal, estabelecendo maior comunicação/comunhão com a vida trinitária, com sua Palavra, e descobrindo esse Deus-Amor nas luzes e sombras dos acontecimentos da vida humana.

---

[3] BENTO XVI. *Carta encíclica Caritas in Veritate*. São Paulo: Paulinas, 2009. (A Voz do Papa, 193).

Vivemos mergulhados numa densa rede de informações; mas, muitas vezes, permeada de pouca relação e, quem sabe, de muito isolamento. Somos, portanto, desafiados a recuperar ou estar atentos a um processo sempre maior de acolhimento, por meio da escuta, da atenção ao outro. Isso requer diálogo, perdão, comunhão, busca da unidade na diversidade e uso de meios adequados para gerenciar as convivências e os conflitos. Nasce também o desafio de desenvolver processos de comunicação autênticos, capazes de ampliar e desbravar novos horizontes.

Encontrar-se com Jesus Cristo, o Filho de Deus, significa também assumir o seu projeto, pautando a própria vida pelo princípio do amor. É sair de nós mesmos para ir ao encontro do outro. É ter nossa vida marcada pela solidariedade, pela compaixão, pela justiça. Assim, no ventre da solidariedade nasce um novo modo de convivência e de comunicação, um estilo de vida e uma vida interpelada pela ética. A ética, portanto, não é uma mera exigência de viver a justiça e o direito, mas é um agir permeado pela experiência de Jesus e pela fidelidade ao projeto do Pai. Exigência que nasce da experiência de solidariedade de Deus em nossa própria vida.

Nós também somos interpelados a nos abrir para que ele suscite criativamente mudanças em nossa vida, pois viver cristãmente é ter a certeza de que precisamos sempre caminhar em direção à luz, empenhados na busca constante de nos deixar preencher pelo entusiasmo das novidades do apelo de Deus em nossa caminhada, dos apelos da "Palavra da Vida".

Por outro lado, encontrar-se com o Espírito da Verdade não é estar diante de um conhecimento adquirido ou deduzido por meio de fórmulas lógicas bem elaboradas, mas sim é o encontro com Jesus e com seu Reino. É também uma mudança em nosso modo de conceber, de olhar a realidade, partindo da experiência da mensagem evangélica. Isso exige, também, perseverança, reflexão crítica e a perspicácia em buscar formas de responder à necessidade de traduzir a mensagem cristã para as várias realidades culturais, sociais, políticas. Mas, acima de tudo, exige uma profunda escuta dessas realidades. Assim, o critério para discernir qual é o Espírito da verdade é contemplar a revelação de Deus-Amor na fidelidade do Filho Jesus. É descobrir o Deus amante que se revela no crucificado, na fragilidade, no servo (Is 53), que expressa o seu poder não pela força de sua onipotência, mas pela fraqueza, pela entrega, pela cruz. Isso muda totalmente a nossa vida e nos leva a optar pela fragilidade, pela pequenez, denunciando a opressão e anunciando a esperança. Portanto, esse contato com Jesus "vindo na carne" plasma a nossa "opção fundamental pelo pobre"[4] e nos insere como participantes conscientes na história.

Esse contato com Jesus Cristo nos faz sentir profundamente amados e, pouco a pouco, vamos sendo inseridos no mistério de Jesus, que se revela como Vida. Vida que se expressa no amor fraterno, no seu projeto de compaixão, misericórdia, comunhão, fraternidade universal, partilha, fidelidade profética. Mas isso só é possível se estivermos embebidos da mais profunda experiência de

---

[4] FRANCISCO, Papa. *Mensagem para o I Dia Mundial dos pobres*: "não amemos com palavras, mas com obras" – 19 nov. 2017. Disponível em: <https://w2.vatican.va/content/francesco/pt/messages/poveri/documents/papa-francesco_20170613_messaggio-i-giornatamondiale-poveri-2017.html>. Acesso em: 20 dez. 2018.

Jesus crucificado/ressuscitado, que se revela na história, que alimenta nossa vida e nos concede a capacidade de configurá-la de acordo com "tudo o que vimos, ouvimos, contemplamos e apalpamos da Palavra da Vida" (1Jo 1,1).

# REFERÊNCIAS

ALONSO SCHÖKEL, L.; CARNITI, C. *I Salmi*. Roma: Borla, 1993. v. 2. (Commenti Biblici).

BENTO XVI, Papa. *Carta Encíclica Caritas in Veritate*. São Paulo: Paulinas, 2009. (A Voz do Papa, 193).

BENTO XVI, Papa. *Carta Encíclica Deus Caritas est*. São Paulo: Paulinas, 2006. (A Voz do Papa, 189).

BERGER, K. *As formas literárias do Novo Testamento*. São Paulo: Loyola, 1998. (Coleção Bíblica Loyola, 23).

BEUTLER, J. *Evangelho segundo João*: comentário. São Paulo: Loyola, 2016. (Coleção Bíblica Loyola, 70).

BEUTLER, J. *Le Lettere di Giovanni*: introduzione, versione e commento. Bologna: EDB, 2009. (Collana Testi e Commenti).

BONNEAU, G. *Profetismo e instituição no cristianismo primitivo*. São Paulo: Paulinas, 2003. (Bíblia e História).

BRITO, J. R. de. *O Senhor está neste lugar e eu não sabia*: Teologia da Presença. São Paulo: Paulinas, 2005. (Bíblia em Comunidade. Teologias Bíblicas, 4).

BROWN, R. E. *Le Lettere di Giovanni*. Assisi: Cittadella, 1986. (Commenti e Studi Biblici).

CAVACA, O. Caridade e salvação: apontamento da dogmática para um debate sobre o tema. In: PONTIFÍCIA FACULDADE DE TEOLOGIA NOSSA SENHORA DA ASSUNÇÃO (Org.). *A caridade*: um estudo bíblico-teológico. São Paulo: Paulinas, 2002. p. 113-132.

COLLINS, J. J. *A imaginação apocalíptica*: uma introdução à literatura apocalíptica judaica. São Paulo: Paulus, 2010. (Academia Bíblica).

DEIANA, G. *Levitico*: nuova versione, introduzione e comento. Milano: Paoline, 2005. (I Libri Biblici. Primo Testamento, 3).

DE LA POTTERIE, I. L' amore per Dio-Padre fonte dell'amore per i figli di Dio (1Gv 5,1-2). *Parola, Spirito e Vita*, Bologna, n. 11, p. 196-216, gennaio 1985.

DE LA POTTERIE, I. L' onction du chrétien par la foi. *Biblica*, Roma, v. 40, p. 12-69, 1959.

EUSÉBIO DE CESAREIA. *História Eclesiástica*. São Paulo: Paulus, 2000. (Patrística, 15).

FOSSATI, M. *Lettere di Giovanni, Lettera di Giuda*: introduzione, traduzione e commento. Cinisello Balsamo (Milano): San Paolo, 2012. (Nuova versione della Bibbia dai testi antichi, 55).

FRANCISCO, Papa. Santa missa pelas vítimas dos naufrágios. Homilia em Lampedusa em 8.07.2013. Disponível em: <https://w2.vatican.va/content/francesco /pt/homilies/ 2013/documents/papa-francesco_20130708_omelia-lampedusa.html>. Acesso em: 12.12. 2018.

FRANCISCO, Papa. *Exortação Apostólica Evangelii Gaudium*: a alegria do Evangelho. São Paulo: Paulinas, 2013. (A Voz do Papa, 198).

FRANCISCO, Papa. *Mensagem para o I Dia Mundial dos pobres*: "não amemos com palavras, mas com obras" – 19 nov. 2017. Disponível em: <https://w2.vatican.va /content/ francesco/pt/messages/poveri/documents/papa-francesco_20170613_messaggi o-i-giornatamondiale-poveri-2017. html>. Acesso em: 20 dez. 2018.

GIURISATO, G. *Struttura e teologia della prima Lettera di Giovanni*: analisi letteraria e retórica, contenuto teologico. Roma: Pontificio Istituto Biblico, 1998. (Analecta Biblica, 138).

HAUCK, F. κοινωνός, κοινωνέω, κοινωνία, συγκοινωνός, συγκοινωνέω. In: KITTEL, G.; FRIEDRICH, G. (A cura di). *Grande Lessico del Nuovo Testamento*. Brescia: Paideia, v. 5, p. 693-725, 1965.

HOSSFELD, F.-L.; VELDEN, F. van der. שלח [*šlḥ*]. In: BOTTERWECK, G. J.; RINGGREN, H.; FABRY, H.-J. (A cura di). *Grande Lessico dell'Antico Testamento*. Brescia: Paideia, 2009. v. 9, p. 359-387.

INFANTE, L. Una catechesi sull'*agápē*. *Rivista di Scienze Religiose*, Puglia, v. 2, p. 261-262, 1988.

IRENEU DE LIÃO. *Contra as heresias*. 2. ed. São Paulo: Paulus, 1995. III 16,5. (Patrística, 4).

KONINGS, J.; KRULL, W. *Cartas de Tiago, Pedro, João e Judas*. São Paulo: Loyola, 1995. (A Bíblia passo a passo).

KONINGS, Johan. A metáfora da propiciação na Primeira Carta de João. *Estudos Bíblicos*, Petrópolis, v. 33, n. 129, p. 131-132, jan./mar. 2016.

KRAUS, H.-J. *Psalms 60-150*: a commentary. Minneapolis: Augsburg Fortress, 1989. (Continental Commentaries).

MANZONI, C. V. *Evangelho segundo João*. São Paulo: Paulinas, 2018. (Comentário Bíblico).

MALUL, M. *Studies in Mesopotamian legal symbolism*. Neukirchen-Vluyn: Butzon & Bercker, 1988. (Alter Orient und Altes Testament, 221).

MARTINI, C. M. *O Evangelho segundo João na experiência dos exercícios espirituais*. 2. ed. São Paulo: Loyola, 1990.

MARTINI, C. M. *Viver os valores do Evangelho*. São Paulo: Paulinas, 1997. (Sopro do Espírito).

NEUDECKER, R.; SCANU, M. P. "Dove sei?" (Gn 3,9). Motivi salienti di Antropologia nel Giudaismo. In: MARICONI, B. (ed.). *Antropologia cristiana*: Bibbia, teologia, cultura. Roma: Città Nuova, 2001.

PAGLIA, V. *Amatevi gli uni gli altri*: le lettere cattoliche. Milano: Leonardo International, 2006.

PULCINELLI, G. *La morte di Gesù come espiazione*: la concezione paolina. Milano: San Paolo, 2007. (Studi sulla Bibbia e il suo Ambiente, 11).

SANTO AGOSTINHO. Confissões, III, 6,11: CCL 27,32. In: BENTO XVI. *Carta Encíclica Deus caritas est*. São Paulo: Paulinas, 2006. (A Voz do Papa, 189).

SCHNACKENBURG, R. *Cartas de San Juan*: versión, introducción y comentario. Barcelona: Herder, 1980.

SERVIÇO DE ANIMAÇÃO BÍBLICA. *Bíblia, comunicação entre Deus e o povo*. 10. ed. São Paulo: Paulinas, 2011. ("Bíblia em Comunidade". Visão Global, 1).

SILVANO, Z. *Introdução à análise poética de textos bíblicos*. São Paulo: Paulinas, 2014. (Bíblia em Comunidade. Bíblia como Literatura, 5).

STOTT, J. R. W. *I, II e III João*: introdução e comentário. São Paulo: Vida Nova, 1982. (Cultura Bíblica, 18).

STUCKEMBRUCK, L. T. The book of jubilees and the origin of evil. In: BOCCACCINI, G.; IBBA, G. (Ed.). *Enoch and the mosaic Torah*: the evidence of Jubilees. Grand Rapids: Eerdmans, 2009. p. 294-308.

RINGGREN, H. צָדַק [ṣādaq]. In: BOTTERWECK, G. J.; RINGGREN, H.; FABRY, H.-J. (A cura di). *Grande lessico dell'Antico Testamento*. Brescia: Paideia, 2005. v. 7, p. 531-532.

RODRIGUES, J. R. *A cristologia do enviado no Evangelho segundo João em vista de uma tendência cristológica atual*. 267 f. Tese (Doutorado em Teologia) – Faculdade Jesuíta de Filosofia e Teologia, Belo Horizonte, 2011.

RUIZ DE GOPEGUI, J. A. As figuras bíblicas do diabo e dos demônios em face da cultura moderna. *Perspectiva Teológica*, Belo Horizonte, v. 29, n. 79, p. 327-352, set./dez. 1997.

TILBORG, Sjef van. As Cartas de João. In: THEVISSEN, G.; KAHMANN, J. J. A.; DEHANDSHUTTER, B. *As cartas de Pedro, João e Judas*. São Paulo: Loyola, 1999. p. 187. (Bíblica Loyola, 7B).

TUÑÍ, J.-O.; ALEGRE, X. *Escritos joaninos e cartas católicas*. São Paulo: Ave-Maria, 1999. (Introdução ao estudo da Bíblia, 8).

ZUMSTEIN, J. As epístolas joaninas. In: MARGUERAT, D. (Org.). *Novo Testamento*: história, escritura e teologia. São Paulo: Loyola, 2009.

Impresso na gráfica da
Pia Sociedade Filhas de São Paulo
Via Raposo Tavares, km 19,145
05577-300 - São Paulo, SP - Brasil - 2019